「대학(大學)」, 왜 고등학문의 바탕인가?
-주자학의 시선-

「대학(大學)」, 왜 고등학문의 바탕인가?

- 주자학의 시선 -

신창호 지음

우물이 있는 집

차례

머리말| 6

제1장. 고등교육이 학문성을 담보해야 하는 이유| 13

1. 대학, 고등교육기관의 사명| 15
2. 전통 대학, 그 고등학문의 근원| 22

제2장. 『대학』, 고등학문의 지위 부여| 33

1. 『대학장구』 서문의 기여| 35
2. 유학적 인간관과 고등학문의 존재 이유| 39
3. 고등학문의 마당과 학습의 과정| 49
4. 고등학문의 원칙과 방식| 64
5. 고등학문의 흥망과 표준| 70
6. 전통 고등학문의 특징 | 76

제3장. 고등학문의 기본원리; 3강령| 85

1. 제1원리 '명명덕(明明德)'; 자기성찰과 개혁의 명증성| 87

2. 제2원리 '신민(新民)'; 타자 배려와 협력의 혁신성| **99**

3. 제3원리 '지어지선(止於至善)'; 최고선의 일상화와 학문의 지속성| **107**

4. '3강령'의 유기체적 맥락| **118**

제4장. 고등학문의 실천 구조; 8조목| 125

1. 대상의 파악과 장악; 격물(格物)-치지(致知)| **127**

2. 자기 의지와 정체성 확립; 성의(誠意)-정심(正心)-수신(修身)| **145**

3. 공동체의 질서와 평안; 제가(齊家)-치국(治國)-평천하(平天下)| **157**

4. 8조목의 실천과 유기체적 특성| **167**

    1) 개인 확립의 인격화; 격물-수신| **167**

    2) 공동체 지속의 사회화; 제가-평천하| **178**

    3) 8조목의 유기체| **184**

제5장. 현대 고등학문에 주는 시사| 191

참고문헌| **202**

머리말

　시대가 급변한다. 나 개인적인 인생만 보아도, 급변하는 시대의 모습을 뚜렷하게 구분하여 설명할 수 있다. 20대까지만 해도 1차 산업과 2차 산업이 삶의 주변부를 감싸고 있었다. 컴퓨터 산업으로 상징되는 지식·정보 중심의 3차 산업은 꿈도 꾸지 못할 정도였다. 그런데 변화는 순간적으로 이루어진 듯하다. 1990년대부터 새로운 과학기술문명의 시대가 들이 닥쳤다. 2000년대 들어서면서 4차 산업혁명이라는 언표가 세상을 휘감았다.

　1960-70년대 산골마을에서 살았던 어린 시절의 경험은, 지금 시점에서 돌아보면, 거의 원시사회 수준이었다. 1980-90년대 도시에서 대학생활과 성인기 초반의 삶은 2차 산업 사회에서 비롯되는 각종 소외(疏外)에 대해 혐오하던 시기였다. 경제개발의 이면, 정치적 민주화, 삶의 풍요가 어우러지면서, 고등학문을 이수한 지식인의 역

할 문제를 고심하기도 했다. 때로는 농촌의 공동체적인 삶의 양식을 그리워하며, 온정(溫情)의 감정을 자극하기도 했다.

이제, 이른 바 21세기라는 새천년의 시대도 20여년이나 흘렀다. 나는 그 사이에 고등학문의 세계에 몸을 담았고, 고등학문을 직접적으로 담당하는 '대학(大學)사회'가 삶의 주요 무대가 되었다. 그런데 전례가 없던 사회변화의 변화의 바람은, '고등학문' 또는 '고등교육'의 세계를 뿌리째 흔들고 있다. 학문[교육]의 목적이나 목표, 내용이나 방법은 물론, 그 존재 의의까지도 고심하게 만든다.

이런 사태는 전통 대학과 현재 대학의 간극(間隙)으로 인해 빚어진 현상이다.

분명한 사실은, 20세기 중반부터 본격적으로 설치된 대한민국의 고등교육은, 이제 그 시대의 소명을 다했다! 즉 20세기의 대학은 21세기의 시대정신, 특히 미래의 과학기술 문명의 진보에 부합하는 대학으로 존립하기 어렵다는 의미이다. 그만큼 고등학문, 또는 고등교육으로서 대학의 패러다임 전환이 절박하다. 물론, 많은 대학이 시대정신에 부합하기 위해 몸부림 치고 있다. 하지만, 내가 보기에 아직도 상당 부분 미흡하다.

나는 과학기술문명에 우매(愚昧)한 학인(學人)에 불과하다. 그런 만큼, 현실적으로 인공지능, 빅 데이터, 생명공학, 나노기술, 사물인터넷 등 첨단과학문명으로 추동되어야 하는 고등학문의 영역이 어떠해야 하는지, 제대로 인식하지 못하고 있다. 우주첨단 과학기술 문명의 시대에 대학은 어떤 고등학문을 그 존재양식으로 빚어 나가야 하는가? 혼란한 마음에 휩싸여 고민하고 있을 따름이다.

전통적인 대학의 사명인 '교육-연구-봉사', 이 3대 기능은 여전히 유효한가? 대학생들에게 고등교양이나 전공지식을 전달하기만 하면 되는가? 기존의 형식에 따라 연구논문을 쓰기만 하면 되는가? 대학교수라는 직위를 바탕으로 다양한 영역에서 자문에 응하기만 하면 되는가? 당연히 이런 작업은 해야 한다. 그것이 대학교수의 권리이자 의무이기 때문이다. 그런데 이전과 동일한 방식의 '교육-연구-봉사'가 이 시대와 불협화음을 일으킨다. 그것은 시대정신을 제대로 담지 못하고 있다는 의미와 동일하다. 어떻게 할 것인가?

그 대안의 하나로 전통 고등학문의 의의를 다시 성찰하고 싶었다. 이전에 이루어진 고등학문의 본질을 분명하게 알아야, 그 한계를 지적할 수 있다! 어떤 사안이건, 한계를 인식할 때, 그것을 극복하는 창조가 가능하다! 이는 '온고이지신(溫故而知新)'의 행위이다. 온고이지신 가운데서도 이전의 한계, 전통을 탐구하는 작업은 온고(溫故)에 해당한다. 온고 가운데, 동양의 전통 고등학문을 다루는 『대학』을 집중적으로 다룬다. 여기에서 미래로 나아갈 수 있는 조그마한 실마리를 기대해 본다.

『대학』은 주자(朱子)에 의해 『대학장구』로 저술된 이후, 20세기 이

전까지 동아시아 고등학문의 핵심을 이루었던 경전이다. 주지하다시피, 3강령(三綱領)과 8조목(八條目)이라는 학문의 원리와 실천과정이 내용의 대강이다. 3강령은 '명명덕(明明德)-신민(新民; 親民)-지어지선(止於至善)'이고, 8조목은 '격물(格物)-치지(致知)-성의(誠意)-정심(正心)-수신(修身)-제가(齊家)-치국(治國)-평천하(平天下)'이다. 3강령은 고등학문을 이수한 사회 지도급 인사, 그들에게 삶의 기본 원리를 제공하였고, 8조목은 그 과정과 실천의 방식으로 유학적 질서를 유지하는 이론적 기반이 되었다. 그것은 개인의 수양 공부인 수신에서 인류 사회 전체의 운용에 참여하는 평천하에 이르기까지, 고등학문의 실천강령을 일목요연하게 서술하고 있다. 많은 학자들이 이러한 『대학』의 성격을 '국가 정치 및 세계 정치에 관한 유학의 학설을 가장 종합적이고 체계적으로 서술한 한 편의 정치 논설'로 규정하였다. 그야말로 최고의 학문, 고등교육으로서 위상을 확고하게 부여했던 것이다.

이에 미래의 '고등학문', 또는 '고등교육'을 고민하는 측면에서, 대학의 본질과 역할을 생각해 보려 한다. 그렇다고 『대학장구』의 내용이 21세기 대학교육의 전반적인 사안을 담보하는 것은 아니다. 결코 그럴 수 없다! 시대가 다른 만큼 그래서도 안 된다! 그러나 고금(古今)을 막론하고 인간의 보편성 차원에서 고등학문의 원리를 고려해 보며, '오래된 미래'의 역할을 기대한다. 『대학』에서 조그마한 새로운 고등학문의 단서라도 잡을 수 있지 않을까 조심스럽게 접근해 본다.

아무리 시간과 공간이 다르더라도, 인류가 추구해온 고등학문은 개인의 '인격도야(人格陶冶)'는 물론 '사회적 책무성(社會的 責務性)'을 체득하는 데 적극적으로 기여해야 한다. 그것은 보편성을 띠어야 하는 학문의 특징이다. 교육이 감당해야 하는 강력한 책임이다. 특히, 고등교육이 중심이 되는 학문 이론은, 설득력을 갖춘 이론으로 공인되는 순간, 과거로 편입되면서 새로운 전통을 준비한다. 그것은 앞에서 언급한 온고지신(溫故知新)의 양식으로 사회의 지속(持續)과 혁신(革新)을 꾀한다. 문화의 보존과 전달, 개혁과 창조라는 변증법적 조화를 추구한다.

『대학』을 핵심으로 하는 유학의 고등학문이 그것을 일러준다. '수기치인(修己治人)'·'성기성물(成己成物)'·'내성외왕(內聖外王)'의 이념은, 고등학문을 수행하면서 다진 개인적 수양을 바탕으로 그 사회적 완성을 갈망한다. 개인적·사회적 책무성을 촉구하는 학문적 특성을 지니고 교육과 정치에 임한다.

이 책은 10여전에 출간한 『『대학』, 유교의 지도자 교육철학』을 참고하여, 고등학문의 관점에서 재해석한 것이다. 특히, 『주자어류』를 통해 전통 고등학문의 본질을 철저하게 탐색하고, 현대 고등교육의 여러 이론을 이입하여 현실성을 더해 보려고 하였다. 고전 원문의 번역과 해석도 원문의 본질을 해치지 않는 선에서, 가능한 한 이해하기 쉽게 현대적 의미로 풀어썼다. 필요한 경우에는 의역을 하면서 현대 고등학문을 염두에 두고 내용을 보완하기도 했다. 고전 원문과 현대 학문 사이에는, 내용상 오류가 될 수도 있는, 간극이 분명히 존재할 것이다. 독자들의 질정(叱正)을 바란다.

나 스스로 고등학문에 종사한지 30여년이 훌쩍 지났다. 하지만, 아직까지도 시대정신을 고려한 고등교육의 본질과 내용을 제대로 고려하지 못하고 있는 것은 아닌가? 그냥 전통적인 대학의 역할인 '교육-연구-봉사'를 습관적으로 반복하며, 자기만족에 빠진 건 아닌가? 이런 반성에서 『대학장구』를 다시 돌아보았다.

2020. 1
청옹정사(清瓮精舍)에서 신창호(申昌鎬)

제1장

고등교육이 학문성을 담보해야 하는 이유

1. 대학, 고등교육기관의 사명

일반적으로 현대적 의미의 고등교육은 고등학교(高等學校, high school, secondary school)를 졸업하고 성인(成人)에 이른 사람들이 대학(大學)에서 학문을 수행하는 작업이다. 즉 대학의 학문활동을 말한다. 대학은 규모와 특성에 따라 다양하다. 4년제를 중심으로 하는 종합대학(university)이나 단과대학(college)도 있고, 2년제의 전문대학(專門大學, junior college, community college, technical college, vocational college)도 있다.

이러한 대학의 사명은 자유로운 연구 활동과 학문적·예술적 지식을 증진시키고, 연구에 기초한 고등교육을 제공하며, 학생들이 국가와 인류를 위해 봉사하도록 교육하는데 있다. 그런 임무를 수행할 때, 대학은 평생학습을 촉진시키고, 전체사회와 교류·협력하면서 일해야 하며, 연구 성과나 예술 활동의 사회적 영향력을 증진시켜야 한다. 대학은 학사학위와 석사학위, 그리고 학문 예술적이고 전문적인 석사 후 학위를 수여해야 한다. 또 다양한 부가적 교육이나 개방대학 과정을 제공할 수도 있다. 나아가 대학이 지향하는 목적달성에 도움이 되는 수익사업을 할 수도 있다.[1]

21세기 들어서면서, 전 세계적으로 대학은 시대변화에 발맞추어 다양한 차원에서 개혁을 추진하며 발전을 모색하고 있다. 이제, 중세 이후 근대로 이어지면서 현대에 이른 전통적 대학은, 시대가 변한 만큼 고등교육의 패러다임 전환을 모색하였다. 대학의 목적이나 목표, 학문의 내용과 방법 등 다양한 측면에서 변화를 거듭하고 있다.

20세기까지만 해도, 대학의 본래적 기능은 세 가지로 정돈되었다. 이른바 '교육', '연구', '봉사' 기능이 그것이다. 이 세 가지 전통적인 고등교육기관의 사회적 기능은 지금도 여전히 유효하다. 실제로 오늘날 대부분의 대학도 교육의 첫 번째 목적으로 '심오한 지식을 연구 계발하여 후학들에게 전수하고, 국가와 사회가 필요로 하는 인적·물적 자원을 공급하여 사회봉사 활동을 수행하는 데 두고 있다.[2]

하지만 모든 고등교육기관의 목적과 기능을 동일하게 일률적으로 규정할 수는 없다. 고등교육기관에 따라 설립목적이나 교육방침 등이 다르기 때문에 그러하다. 그렇다하더라도 대학은 기본적으로 고

---

1) Ministry of education, *Proposal for the new Universities Act in Brief,* 2009. 2. 20; 양승실 외, 『주요 선진국의 대학 발전 동향: 이론과 실제』(학지사, 2009), 360쪽 재인용.
2) 오성삼, 『세계 대학의 이해』(건국대출판부, 2004), 42쪽 참조.

등교육기관으로서 교육의 본질적 작용인 인격도야를 비롯하여 문화전달과 사회혁신의 기능에 충실해야 한다. 그것은 '지식(知識)'이라는 매개체를 통해 구현된다. 즉 지식의 '획득-전달-활용'이라는 기능을 수행하는 것이다. 지식의 획득은 연구·조사를 수행하는 작업으로 드러나고, 지식의 전달은 교육을 통해, 그리고 지식의 활용은 사회봉사의 실천으로 구현된다.[3] 이처럼 고등교육기관인 대학은 '연구-교육-사회봉사'라는 세 가지를 기본 기능이자 사명으로 자부해 왔다. 그것은 대학이 그 사회의 고급문화를 전승하고 보존하며, 사회를 유지하고 지도할 수 있는 고등 수준의 인재, 고급 기술 인력을 양성하여 공급하는 사회적 장치임을 확인해 준다.

이러한 전통적인 고등교육기관, 즉 대학을 이해하기 위해서는 '연구-교육-사회봉사'라는 세 가지 목적을 구체적으로 인식할 필요가 있다.[4]

첫째, '연구'기능이다. 대학의 연구기능이 강조된 것은 근대사회 이후이다. 중세 대학의 경우, 왕정(王政)이자 종교적 차원의 권위주의적 사회구조를 지녔기 때문에 기존의 질서나 체제를 유지하기 위한 지식의 보존과 전수가 대학교육의 대부분을 차지하였다. 그것은 독자적인 연구를 쉽게 허용하지 않았다. 하지만 1800년대 초반 무렵

---

[3] J. A. Perkins, *University in Transition*(Princeton Univ. Press, 1967), pp. 9-10.; 이현청, 『21세기와 함께 하는 대학』(민음사, 2000), 22-25쪽 참조.
[4] 金蘭洙, 『大學改革論』(良書院, 1989), 23-28쪽 참조.

부터 독일의 대학을 중심으로 연구가 고등교육의 핵심 기능이자 사명으로 인식되기 시작하였다. 특히, 20세기 이후 과학기술의 발달은 지식을 폭발적으로 증가시켰고, 대학에서 연구기능을 강화시키는 계기로 작용하였다.

둘째, '교육'기능이다. 사회가 진보할수록 시대정신을 선도적으로 구현할 인재가 요구된다. 그것은 심오한 이론과 광범하고 면밀한 응용방법을 갖춘 고급두뇌의 양성을 의미한다. 고급인재들은 사회의 변화와 혁신을 꾀하고, 개인은 물론 사회의 자기갱신(自己更新, self-renewal)을 촉구한다. 때문에 고등교육은 그 어떤 교육보다도 사회변화에 능동적으로 대처하며 사회를 개선하고 성장과 성숙을 도모할 수 있는 고급인재 양성을 위한 적극적 교육을 펼쳐야 한다.

셋째, '사회봉사'기능이다. 대학은 고등교육기관으로서 대한민국이라는 특정한 사회체계 내에 자리하는 하위체계이다. 때문에 대학이 위치한 지역사회를 비롯하여 대한민국의 국가적 문제해결에 관심을 가져야만 한다. 즉 지역주민이나 시민들, 나아가 국민들의 복지증진에 기여할 수 있도록 사회의 일에 관여하고 봉사해야 한다. 이는 연구와 교육이라는 대학의 2대 기능을 성공적으로 수행하면서 그 성과를 확장하고 응용하여 사회에 환원하는 차원이다. 대학의 전문적 인재를 비롯한 다양한 자원을 사회발전에 이바지할 수 있도록 활용해야만 한다.

이러한 대학의 전통적인 사명은, 사회변화와 시대정신을 고려하면서, 현대적 차원에서 새롭게 조명된다. 즉 대학의 교육, 특히, 학부 학생의 교육에 대한 윤리적 사명의 차원에서, 21세기 학부교육의 근본 목적으로 자리매김 된다. 그 논의는 다음과 같은 요소를 핵심으로 한다.[5]

첫째, '누가 교육을 받는가?'라는 문제이다. 이는 '소득'과 '재산'보다는 '재능'과 '근면'에 기반을 두면서, 고등교육에 대한 접근의 폭을 넓힐 것을 요청한다. 한 마디로 말하면, 고등교육의 '기회(opportunity)'에 관한 것이다.

둘째, 대학교육의 핵심으로 '지적 목적'에 관한 것이다. 이는 자유교양과 과학 안에서 뿐만 아니라 자유교양과 전문대학원 교육 사이에서도 '지식 통합의 확대'를 요청한다. 요컨대, '창의적 이해(creative understanding)'에 관한 것이다.

셋째, 위의 둘째와 연결되는 중요한 사안이다. 이는 대학 졸업생이 창의적 이해를 기반으로 사회에 기여할 수 있도록 만들고, 또 장려하는 일이다. 요약하면, '사회적 기여(contribution)'이다.

물론, '기회'와 '창의적 이해', 그리고 '기여'를 증진하는 작업이 새로운 일은 결코 아니다. '연구-교육-사회봉사'라는 대학의 전통적 사명과 크게 다르지 않다. 그러나 현대가 직면한 사회상황은 보다 세밀

---

[5] H. Brighouse·M. McPherson 편(이지헌 역),『고등교육의 목적: 도덕과 정의의 문제』(학지사, 2020), 25쪽.

한 양식으로 대학의 기능과 사명을 새롭게 요구한다.

공정한 교육기회는 정의로운 민주사회에서 하나의 권리이다. 공정한 기회라는 요구를 뒷받침해 줄 납득할만한 기반, 즉 부와 기회, 그리고 지식이나 혁신, 문화 등과 같은 사회적 재화의 생산과 분배를 규제하는 것은 대학의 현실적·사회적 기능이다. 특히, '다양성'이나 '포용성', 그리고 '다문화주의'와 같은 개념을 통해, 성별이나 사회경제적 계급의 차원에서 포용(包容)을 강화해 나가는 작업은 역사적으로 발생한 정의롭지 못한 사안을 개선하려는 노력과 연관된다.

때문에 대학은 시대정신을 반영하여, 다음과 같은 기본사항을 진지하게 고민해야 한다. 첫째, 대학을 입학하는 과정에서 업적이나 실력은 성공과 기여를 위한 '잠재력(潛在力)'의 문제로 이해해야 한다. 둘째, 대학의 학문 활동은 '사회적 지성(社會的 知性)'과의 관계를 고려하여 평가되어야 한다. 셋째, 대학의 '포용성(包容性)과 공정성(公正性)을 담보한 캠퍼스' 풍토는 비판적 사고와 창의적 이해를 향한 전망의 토대가 된다.[6]

21세기 초반의 시점에서 고등교육의 핵심을 담보하는 대학의 기능과 사명이 이러한 방식으로 이해된다면, 그 기초가 되는 근원적 힘은 무엇일까? 앞에서 언급한 대학의 목적과 기능, 그리고 사명에 관한 언급은, 주로 미국과 유럽을 중심으로 하는 고등교육기관들의 고

---

[6] H. Brighouse·M. McPherson 편(이지헌 역), 『고등교육의 목적: 도덕과 정의의 문제』(학지사, 2020), 245-275쪽 참조.

민들이다. 그들은 그들이 속한 사회를 분석하고 시대를 검토하며 자신들의 상황에 맞는 개혁을 모색하고 있다. 그렇다면, 한국의 대학은 어떠한가? 고등학문에 참여하는 개인적 또는 대학별·국가적 차원에서 나름대로의 개혁과 발전을 고민하는 듯하다.

이 지점에서 나는 우리의 선조들이 가꾸어왔던 '고등학문' 또는 '고등교육'의 근원을 돌아보려고 한다. 그것은 중국을 비롯하여 동양 전통사회의 고등교육기관이었던 '대학(大學, 太學)'이 지닌 학문성(學問性)이다. 전통 고등교육의 학문성은 고등교육기관의 이름과 동일한 『대학(大學, The Great Book)』이라는 유학의 경전에 담보되어 있다. 『대학』의 양식은 시대와 사회가 다른 만큼, 여러 측면에서 현대의 고등교육기관이 추구하는 학문성과는 차이가 있다. 하지만, 고등교육의 뿌리와 샘의 차원에서, 그 뻗어 나오고 흘러온 과정을 거슬러 올라가 신중하게 이해한다면, 시대에 부응할만한 새로운 가치를 발견할 수도 있다. 아주 오래 되었으나 미래를 인도하는 잣대로 응용할 수 있다는 말이다.

2. 전통 대학, 그 고등학문의 근원

'대학'에 관한 재미있는 평가가 있다. 다름 아닌, 대학을 '삶의 노정(路程)'에 비유한 언표이다. 그것은 생애의 경주로(競走路)이자 여행(旅行)이다. 다시 말하면, 대학은 성인이 되면서 본격적으로 시작하는, 인생 여정의 구체적 일정표이다! 그런 만큼, 그 내용을 담고 있는 『대학』을 주시할 필요가 있다.

『대학』이라는 한 권의 책은 인생의 노정과 비슷하다. 어디에서 어디까지는 거리가 얼마이며, 무엇이 있는가? 어느 곳에서 어느 곳까지는 어떻게 가야 하는가! 길을 출발하여 다양한 경험을 하며 나아갈 때는 그 길의 특징을 알아야 한다. 그래야 여행을 제대로 시작할 수 있다. 간혹, 목적 없는 빈껍데기를 잡고 삶의 노정을 훑는 사람이 있는데, 이런 경우, 그 사람의 인생에는 어떤 유익함도 없다. 당연한 일

이다.[7]

『대학』은 노정에서 인간의 삶, 또는 인간사회의 일정표와도 같다. 일정표에는 삶이 요청하는, 또는 사회가 요구하는 절차가 있다. 인간이 그것을 보았다면, '반드시 실천해야 한다!' 그것은 삶에 대한 예의이자, 삶의 당위(當爲)나 의무(義務), 책임(責任)이다. 오늘은 어디에 도착하여 무엇을 해야 하는가? 내일 어느 곳에 이르러 어떤 일을 창출해야 하는가? 그것이 어느 정도 파악되어야, 비로소 점차 나아가려는 지점에 도달하여 작업을 진행할 수 있다. 일정표를 손안에 쥐고 있으면서도, 이리 뒤집고 저리 뒤집어 고친다면, 그것이 절차를 갖춘 일정표가 되겠는가? 저쪽 지역으로 가기를 바랐다가 이쪽 지역으로 간다면 어찌 일정한 이치가 있다고 하겠는가?[8]

이처럼 『대학』은 어떤 경전보다도 인생의 여정과 관련하여 정제된 양식을 갖추고 있다. 짜임새와 체계를 다질 대로 다진 경전, 이른바 학문의 캐논(Canon)이다. 링컨이 게티즈버그 연설(Gettysburg Address)에서 강조한 '국민의, 국민에 의한, 국민을 위한(of the people, by the people, for the people)'이라는 용어를 원용한다면, 『대학』은 '인간의, 인간에 의한, 인간을 위한', 또는 '삶의, 삶에 의한, 삶을 위한', 나아가 '사회의, 사회에 의한, 사회를 위한' 학문처럼

---

7) 『朱子語類』卷14: 大學一書, 如行程相似. 自某處到某處幾里, 自某處到某處幾里. 識得行程, 須便行始得. 若只讀得空殼子, 亦無益也.
8) 『朱子語類』卷14: 大學如一部行程曆, 皆有節次. 今人看了, 須是行去. 今日行得到何處, 明日行得到何處, 方可漸到那田地. 若只把在手裏翻來覆去, 欲望之燕, 之越, 豈有是理.

느껴진다. 전통 고등교육기관에서 학문의 바탕은 이런 정신을 진지하면서도 간절하게 불어 넣었다.

동아시아 사회, 특히, 중국을 비롯하여 한국과 일본, 베트남에서 유학(儒學, Confucianism)은 '수기치인(修己治人)'의 학문으로 오랜 전통을 지니고 있다. 서구의 근대 학문이 도입되면서, 그 실제적 영향력이 감소된 것은 분명하지만, 아직도 동아시아인들의 무의식이나 행위양식에 잠재되어 있기도 하고, 소수의 학자들에 의해 학문의 명맥이 이어지고 있다.

유학에서 '학문'은 그 근원에서 이중적 의미로 드러난다. 하나는 지식이나 문화의 인식을 뜻하는 개념으로, '글을 배우는' 측면의 '학문(學文)'이다. 그 대표적 언급이 『논어』에 보이는 "집안에 들어와서는 효도해야 하고, 밖에 나가서는 공손해야 하며, 신중히 행동하고 신의를 지키며, 널리 사람들을 사랑하되, 어진 이를 가까이 해야 한다. 이를 실행하고도 남는 힘이 있으면 글을 배워야 한다."[9]라는 구절이다. 다른 하나는 '배우고 묻는' 차원의 '학문(學問)'이다. 이는 우주자연의 이치를 비롯하여 삶의 세계 전체를 포괄하는 탐구의 자세로, 일종의 마음공부에 해당한다. 이른 바 『맹자』가 "배우고 묻는 양식은 다른 것이 아니다. 풀어헤쳐진 마음을 굳게 잡는 일일 뿐이다."[10]라는 표현에서 구체적으로 보인다. 하지만 유학에서 학문은 궁극적으로 통

---

9) 『論語』「學而」: 弟子入則孝, 出則弟, 謹而信, 汎愛衆而親仁, 行有餘力, 則以學文.
10) 『孟子』「告子」上: 學問之道, 無他, 求其放心而已矣.

일된 양식으로 드러난다.

전통과 미래를 연결하는 고등학문을 고민하기 위해, '학문'에 관한 인식을 정돈할 필요가 있다. 엄밀하게 말하면, '학문(學文)'과 '학문(學問)'은 구분되는 개념이다. '문(文)'이라는 명사적 의미의 본질과 '문(問)'이라는 동사적 의미의 활용 사이에는 분명한 차이가 존재한다. 학문(學文)에서 문(文)은 '글'이나 '문화'로 지칭되는, '소학(小學)'단계에서의 '예악사어서수지문(禮樂射御書數之文)'과 상통한다. 이는 배움이 지식습득의 영역에 한정될 수 있고, 미시적인 동시에 형이하학적 수준에 그칠 수 있다. 학문(學問)은 인간사회의 도리에 관해 밝혀 나가는, 대학(大學)단계에서의 '궁리정심수기치인지도(窮理正心修己治人之道)'와 상응한다. 이는 배움과 물음이라는 삶의 원리를 탐색해 나가는 거시적이고 형이상학적 차원으로 확장되어 가는 양상을 보인다. 교육이나 학습에서 본다면, 학문(學文)은 지식의 특수성과 부분적 영역에서 진행된다. 학문(學問)은 그에 비해 보편성과 전체성을 띤다. 그것은 학문(學問)이 학문(學文)을 포괄하는 삶의 과정임을 암시한다. 학문(學問)은 '배우고 묻는다.'라는 차원의 일상에서 지속되는 삶의 수련행위를 의미하고, 학문(學文)은 '글을 배우다'라는 측면의 구체적 대상을 인식하는 제한적 목표달성의 의미로 이해할 수 있다. 학문(學問)이 우주자연과 인간사회의 모든 존재에 관한 포괄적 인식과 행위를 담보한다면, 학문(學文)은 글을 통한 지식의 습득이자 사물에 대한 부분적 인식이다. 이런 구분에도 불구하고, 학문(學文)은 학문(學問)으로 자연스럽게 이어진다는 점에서, 유학의 학문단계인 '소학(小學)-대학(大學)'의 유기체적 관계처럼 연속선상에서 이해해야 한다. 그런 차원에서 학문(學文)과 학문(學問)은 삼투작용을 거치면서, 이이일(二而一)의 통일된 양식으로 드러나게 마련이다.

『대학』은 이러한 학문(學問; 學文)의 구조를 중층적으로 담보하고 있다. 그 사유의 핵심으로 이끌어낸 '성리학(性理學, Neo-Confucianism)의 경우,[11] 서구 근대문명과 접목하기 이전까지 동아시아 정신에 절대적 영향력을 미쳤다. 공자(孔子)와 맹자(孟子), 그리고 순자(荀子)에 의해 정돈되는 원시유학(原始儒學)을 바탕으로, 주자(朱子)에 의해 종합되는 성리학은 '성명의리지학(性命義理之學)'이라는 개념을 줄인 말이다. 즉 '성명(性命)'에서 '성(性)'과 '의리(義理)'에서 '리(理)', 그리고 '학(學)'이 어우러져 형성된 용어이다. 때문에, '성명의리지학'은 '성(性)'과 '명(命)'과 '의(義)'와 '리(理)'에 관한 학문이다. 이 학문이 바로 주자(朱子)로 존경받는 주희(朱熹, 1130-1200)에 의해 집대성되었고, 이후에 조선유학의 기본 뼈대를 이루었다. 이 가운데 『대학』은 성리학의 기본 강목(綱目)으로, 학문의 알파이자 오메

---

11) 『대학』은 유학의 기본 경전이다. 특히, 성리학(性理學)을 집대성한 주자(朱子)에 의해 『대학장구(大學章句)』로 거듭나면서 유학의 교육학이자 정치학의 핵심적 지위를 차지하게 된다. 그런 중요성은 주자가 숨을 거두기 직전까지 『대학』의 수정과 보완에 몰두하였다는 사실에서도 엿볼 수 있다. 주자는 1200년 3월 9일에 죽음을 맞이하는데, 죽기 3일 전인 3월 6일까지도 『대학』의 '성의(誠意)'장을 개정하고 첨순(詹淳)에게 필사시키면서, 그 위에 몇 개의 글자를 개정하였다고 한다. 이처럼 주자는 유학[성리학]의 결정체로서 『대학』에 온 힘을 다하였다.

가이다.[12] 전통 고등학문의 본질을 파악하기 위해서는 이러한 '성명의리'에 관한 학문을 분명하게 인식해야 한다. 그래야 전통 고등교육의 위상을 제대로 가늠할 수 있다.

다시, '성명의리(性命義理)'라는 문자 그대로의 의미를 통해, 이를 정돈해 보자. '성(性)'은 '천성'이나 '본성' 또는 '성품'이나 '품성'이다. '명(命)'은 '목숨'이나 '운명', '명령'에 해당한다. '의(義)'는 사람이 행해야 하는 '바른 도리'나 '도의', 인간 사이의 '관계'를 말한다. '리(理)'는 '까닭'이나 '이치'이다.『설문해자(說文解字)』에 의하면, '성(性)'은 사람이 본래 간직하는 양(陽)의 기운으로 '착한 성질'이고, '명(命)'은 '령(令)'과 같은 뜻으로 '시키다'라는 의미를 지닌다. 의(義)는 '자신의 태도나 몸가짐을 드러내 보이는 일'이고, 리(理)는 '옥을 다듬는 작업'[13]이다. 그러므로 본성은 '착하다'로 각인되고, 명령은 '시켜질 때 받아들여야' 하며, 도의는 '바르게 실천해야' 하고, 이치는 옥을 결에 따라 다듬듯이 '사물의 특성에 맞게' 다루어야 한다.

---

12)『大學章句』『讀大學法』: 大學, 是爲學綱目; 大學, 是通言學之初終.; 동아시아의 전통 유학은 크게 '소학(小學)'과 '대학(大學)'으로 범주화 할 수 있다. 현대의 과학적 교육학처럼, '초등-중등-고등' 교육으로 명확히 분류하지 않고, '어린 아이-어른' 교육으로 대별하였다. 유학의 기본은 '소학'을 통해 인간의 기본적인 행위 예절과 초등 수준의 기초 지식을 체득한 후, '대학'에서는 그것을 보다 높은 차원에서 확인하고 철저히 실천하기 위한 사물의 원리 탐구에 초점을 맞춘다. '소학'이 형이하학적(形而下學的) 행위(行爲)의 측면을 강조했다면, '대학'은 형이상학적(形而上學的) 원리(原理)를 다룬다. 이것의 유기체적 표현이 '하학이상달(下學而上達)'이다. 하학-상달이라는 구조를 통해, 아래에서 위로 점차적으로 실천해 가는 점진적 교육과정을 설정한다. 학자에 따라『소학』을 교육의 근본으로 강조하기도 하는데, 그것은 '소학'에서 '대학'까지의 실제 내용이 동일하고, 낮은 단계에서 높은 단계로 나아가는 유기체적 맥락을 지니고 있기 때문이다. 이러한 학문의 체계는 현대 교육학적으로 이해하면 초·중등 수준인 아동·청소년교육에서 고등 수준인 성인교육으로 나아가는 연속적인 학문양식을 보여준다.

13)『說文解字』: 性, 人之陽氣, 性善者也. 命, 使也. 義, 己之威儀也. 理, 治玉也.

이런 '성(性)·명(命)·의(義)·리(理)'의 의미가 인간의 삶에 녹아들면서 삶의 질서를 정돈하는 사유로 움터 나왔다. 예를 들면, 『논어(論語)』에서 공자가 언급한 "인간의 본성은 태어날 때 서로 비슷하다. 그러나 살아가면서 배우고 익히며 어떻게 학문하느냐에 따라 달라진다."[14]라는 말이나 『중용(中庸)』의 첫 구절인 "선천적으로 절대명령으로 받은 것이 본성이다. 본성에 따라 주어진 이치를 따르는 일이 사람의 길이다. 사람의 길을 닦고 알맞게 조절해 나가는 일이 인간의 문명이다."[15]라는 구절이 그런 것이다.

『맹자』의 경우, '성명의리'를 전반적으로 용융(鎔融)하며 유학적 삶의 길을 예고했다. "입은 맛을 느끼고, 눈은 색깔을 보며, 귀는 소리를 듣고, 코는 냄새를 맡으며, 팔 다리는 편안하기를 바란다. 그것은 육체적 감각이 지닌 본래의 기능이다. 본성적 욕구이자 천명[자연의 이치]으로 주어진 것이다. 그래서 군자는 성(性)이라 말하지 않는다. 부모-자식 사이에 인(仁)을 행하고, 군주-신하 사이에 의(義)를 지키며, 주인-손님 사이에 예(禮)를 베풀고, 현명한 사람은 지혜로 세상을 마주한다. 이는 성명의리를 바탕으로 하는 인간 윤리의 실천이다. 그와 같은 도덕성은 인간의 본성 가운데 존재하고, 학문 수양으로 깨달으며 이행한다. 그러므로 군자는 명(命)이라 말하지 않는다."[16]

---

14) 『論語』「陽貨」: 子曰, 性相近也, 習相遠也.
15) 『中庸』1章: 天命之謂性, 率性之謂道, 修道之謂敎.
16) 『孟子』「盡心」下: 孟子曰, 口之於味也, 目之於色也, 耳之於聲也, 鼻之於臭也, 四肢於安佚也, 性也. 有命焉, 君子不謂性也. 仁之於父子也, 義之於君臣也, 禮之於賓主也, 知之於賢者也, 聖人之於天道也, 命

'성명의리(性命義理)'에 대한 이해를 거듭한 결과, 성리학은 심성(心性)의 수양을 철저히 하면서, 규범법칙 및 자연법칙으로서의 의리를 깊이 연구하여, 그 의미를 완전하게 실현하려는 유학으로 발전하였다. 한 마디로 말하면, 마음을 보존하고 본성을 길러 나가는 '존심양성(存心養性)'과 세상의 모든 사물에 대해 그 결을 캐 물어 나가는 '궁리(窮理)'를 최고의 가치로 여기는 학문이다.[17]

'성명의리학(性命義理學)'의 핵심인 『대학』에 대해, 주자는 "대인(大人)의 학문"[18]이라고 명명했다. 그것은 작은 사람에 상대하면 '큰 사람'이고, 어린 아이에 상대하면 '어른'이다. 어리석은 사람에 비하면 '지혜로운 사람'이고, 피통치자에 비하면 통치자이며, 공동체의 일반 구성원에 대하여 '지도자'들이 실천하는 학문이라는 뜻이다. 달리 말하면, 리더십을 함양하기 위한 학문, 지도자 학습이나 교육[19]과

也. 有性焉, 君子不謂命也.
17) 윤사순, 『한국의 性理學과 實學』(열음사, 1987), 9쪽 참조.
18) 『大學章句』「經一章」 註: 大學者, 大人之學也.; 유학은 대인(大人)을 '어른'으로 설정하고 소인(小人)을 '어린이[어리석은 자]'로 인식한다. 그런 대비의 과정에서 '대학'을 '어른의 학문'으로 규정한다. 이는 현대적 의미의 성인학습교육(成人學習敎育)으로 이해할 수 있고, 보통교육 수준으로 비유할 수 있는 '소학'과 달리, '대학'은 근원적으로 지도성을 갖춘 인간을 양성하는 교육의 이념이자 방법이 된다. 때문에 그런 자질을 가출 수 있도록 엄밀한 측면의 선발 과정을 고려한다. 이는 『대학장구』서에서 다음과 같이 구체적으로 명시되어 있다. '人生八歲, 則自王公以下至於庶人之子弟, 皆入小學, 而敎之以灑掃應對進退之節, 禮樂射御書數之文, 及其十有五年 則自天子之元子衆子, 以至公卿大夫元士之適子, 與凡民之俊秀, 皆入大學, 而敎之以窮理正心修己治人之道, 此又學校之敎, 大小之節所以分也.'
19) 교육(敎育, education)이라는 용어는 동아시아에서 보편적으로 쓰이지는 않은 듯하다. 전통적으로 동아시아에서는 교육과 유사한 말로 '교'(敎), '학'(學), '훈'(訓), '습'(習), '회'(誨), '교학'(敎學), 교회(敎誨), 훈몽(訓蒙), '격몽'(擊蒙), '교화'(敎化) 등을 많이 써 왔다. 물론 맹자(孟子)가 군자(君子)의 세 가지 즐거움을 논의하는 가운데, '천하의 영재를 얻어 교육하는 일[得天下英才而敎育之]'을 제시하면서 '교육'이라는 말을 쓰긴 했지만, 이후에 보편적으로 쓰인 용어는 아니었다. 여기서는 학문, 공부, 교학, 수양(修養), 수신(修身) 등의 용어를 현대적 의미의 '학습'이나 '교육'과 유사한 내용으로 인식하고, 의미상 동일한 개념으로 표현한다.

연관된다. 통치자와 피통치자 사이의 질서의식이나 '사(士)·농(農)·공(工)·상(商)'의 계급계층이 뚜렷했던 사회에서, 이른바 '대인[大人; 어른]', 또는 '군자(君子; 교양인)'에 해당하는 통치자나 관료인 '사(士)' 계급이 누렸던 학문이다. 왕(王)을 정점으로 하는 왕정사회에서 최고의 인간인 성인(聖人)이나 지도자로 추앙받는 존재는 군주(君主)이다. 그러므로 대학은 기본적으로 제왕(帝王)의 학문(學問)이고, 확대 해석하면, 그 아래 단계의 군자(君子)에 해당하는 관료 지도자들이 실천해야 하는 학문으로 볼 수도 있다. 군자를 지향하던 유학자들은 이런 지도성(指導性, leadership)의 수련과정을 삶의 궁극목적으로 삼았다. 현대적 의미로 해석한다면, 대학은 사회 지도층 인사들이 주도적으로 행하는 '성인학습(成人學習, adult learning)'이나 '성인교육(成人敎育, adult education)'에 해당한다. 요컨대, 『대학』은 어른들이 배우고 깨달아야 하는 학습으로, 옛날 고등교육기관인 태학(太學)에서 예비지도자들을 수련하던 체계적이고 포괄적인 내용을 담고 있다.

'태학'은 고대 동양사회에서 국가에 하나 밖에 없는 최고 고등교육기관이다. 태학의 교육양식, 즉 교육의 목적과 내용, 그리고 방법을 비롯한 학문체계를 전반적으로 기록하고 있는 『대학』은 성인, 또는 지도자교육의 기본 원리를 세 가지로 제시한다. 그것이 유명한 3강령(三綱領)이다. '명명덕(明明德), 신민(新民), 지어지선(止於至善)!' 이

세 가지 강령은 유학의 기본 원리이다. 학문의 구조를 결정하는 토대이자 기초이며 뼈대 역할을 한다. 달리 말하면, 학습의 원리이자 교육 원리이며, 정치 원리이자 삶의 여정을 조직하는 논리적 장치이다. 요컨대, 유학이 추구하는 이상적 세계상으로 나아가는 이치이다. 따라서 학습과 교육, 정치와 사회문화를 총괄하는, 인간 삶의 이상향을 지향한다. 그런 만큼 3강령은 서로 분리된 다른 차원의 개별적 강령이 아니라, 유기체적인 짜임이자 체계로 조직된다. 그 내용의 핵심이 지도자로서의 개별적 수양(修養)과 세상을 이롭게 가꾸어나가야 하는 정치(政治)에 관한 것이다. 유학자들은 이를 '성학(聖學)'으로 묘사했다. 인간으로서 최고의 이상적 모델인 성인을 꿈꿨다. 성학은 '성인이 되는 것을 배우는 학문'이면서 동시에 '성왕이 되는 것을 배우는 학문'이다. 현실적으로는 '왕이 배우는', 또는 '배워야 할' 학문이라는 의미로 자주 쓰인다.[20]

『대학』은 이런 작업을 통해, 성스러운 인간으로 나아갈 수 있도록 하는 학문의 기본양식이다. 그 속에는 군주[君主; 王], 즉 정치지도자나 공동체의 교육지도자가 배우고 실천해야 할 학문의 이념과 지향, 목적과 목표, 과정과 내용이 들어 있다.[21] 이를 포괄적으로 보여주는

---

20) 장숙필, 『栗谷 李珥의 聖學 硏究』(고려대 민족문화연구소, 1992), 1쪽.
21) 유학에서 교육과 정치는 오늘날 서구 근대의 분과학문으로서 '교육학'과 '정치학'처럼 분리해서 논의하기는 어렵다. 그것은 유학이 우주본체론(宇宙本體論)-인간론(人間論)-수양론(修養論)-예론(禮論)-정치론(政治論) 등, 다양한 측면을 유기적으로 담고 있기 때문이다. 다양한 영역 가운데서도 유학은 교육과 정치를 핵심으로 하는 유기체학(有機體學)이다. 특히, 수기치인(修己治人)의 학으로서 '교육'이 그 기본을 이루고, 그 완성으로서 '정치'를 상정한다. 여기서는 정치를 교육과 동일한 범주에 놓고 논의한다. 유학은 교육과 정치를 학문의 근간이자 두 축으로 삼아왔다고 생각된다. 유학을 '수기치

것이 3강령이라는 학습과 교육의 원리이다.

인(修己治人)'으로 요약한다면, '수기'는 교육에 '치인'은 정치에 대비하여 설명할 수 있다. 그것은 교육을 통해 내면적 인격과 인간됨을 강조하면서 삶의 실제 내용을 구성하고, 정치를 통해 교육의 성과를 바탕으로 삶의 형식을 최선으로 갖출 수 있도록 외부적 조절과 통제, 질서를 확립하는 삶의 양식이다. 물론, 편의상 교육과 정치로 나누어 이해한 것 일뿐, 두 축은 늘 하나의 근간으로 삼투(滲透)된다. 여기에서 다루려는 8조목을 정치철학적으로 강조한 사례는 현대 중국 혁명의 아버지로 추앙 받는 쑨원(孫文)에게서 찾아볼 수 있다. 쑨원(1982)은 '중국에는 외국의 대정치가조차 아직도 간파하지 못한 가장 체계적인 정치철학이 있다. 『대학』에서 말하는 '격물,' '치지,' '성의,' '정심,' '수신,' '제가,' '치국,' '평천하'가 그것이다. 한 인간을 안에서 밖으로 발전시켜, 인간의 내부에서부터 평천하까지 밀고 나가는 것이다. 이와 같이 정미하게 전개된 이론을 외국의 어떤 정치철학자도 간파하지 못했고 말한 사람도 없었다. 이것이야말로 중국의 정치철학적 지식에서 독특한 보물이고, 어떻게 해서라도 보존하지 않으면 안 될 것이다.'라고 말하였다.

제2장

『대학』,
고등학문의
지위
부여

1. 『대학장구』 서문의 기여

　주자의 성리학에서 학문은 『대학』을 중심으로 전개된다. 그러기에 "먼저 『대학』을 읽어 그 규모를 정하고, 다음으로 『논어』를 읽어 그 근본을 세우며, 그 다음으로 『맹자』를 읽어 그 발휘한 것을 살피고, 마지막으로 『중용』을 읽어 옛사람들의 미묘한 지혜를 구할 일이다."[1]라고 하였다. 이는 『대학』이 유학의 기본 입문서라는 선언이다.

　주자가 『대학』을 중시하는 또 다른 이유가 있다. 『논어』와 『맹자』는 구체적인 사안에 따라 문답하여 요점과 강령을 보기 어려웠다. 하지만 『대학』만은 옛 사람들이 학문하던 큰 방법을 기술하였고, 앞 뒤 체계가 제대로 갖추어져 있어 학문의 목표를 파악할 수 있었다.[2] 다

---

1) 『朱子語類』卷14: 某要人先讀大學, 以定其規模, 次讀論語, 以立其根本, 次讀孟子, 以觀其發越, 次讀中庸, 以求古人之微妙處.
2) 『大學章句』「讀大學法」: 語孟, 隨事問答, 難見要領, 惟大學, …… 古人爲學之大方, …… 前後相因, 體統都具, …… 爲學所向.

시 말하면, 『대학』은 3강령 8조목(三綱領 八條目)[3]이라는 유학의 기본 체제가 일목요연하게 제시되어 있어, 학문의 목적과 인간의 지향을 구체적으로 통관(通貫)할 수 있다는 의미이다. 그것은 『대학』이 유학을 구현하는 학문의 원리이자 방법임을 반증한다.[4] 그 대강은 『대학장구』를 저술하면서, 그 사정을 자세하게 기술한 『대학장구』「서(序; 서문)」에서 찾아볼 수 있다.

『대학장구』「서」는 800여자 남짓한 짧은 글이다. 그러나 그 속에는 유학의 대의(大義)가 들어 있다. 공자가 집대성한 이래, 유학은 인간의 윤리적 실천을 통한 일상생활에의 충실을 갈구해 왔다. 즉 '자신의 몸을 갈고 닦아 다른 사람을 깨우치고 다스린다!' 유학을 한 마디로 대변하는 언표인 '수기치인(修己治人)', 또는 '수기안인(修己安人)'으로 일관했다. 이는 '수기(修己)'라는 개인의 일상 수양에서 '치인(治人)' 또는 '안인(安人)'이라는 사회·정치적 생활의 실천에 다름 아니다. 그래서 공자는 사회적 삶에 그토록 집착했고, 삶의 과정에서 인간의 관계망을 어떻게 짜느냐에 골몰했다. 그것이 유교 학문의 최고 목표인 인(仁)이고, 효제충신(孝悌忠信)의 윤리를 통해 구현된다. 이 수기치인(修己治人) 실천의 대외적 목표가 정치이고, 그것을 달성해 나가는 대내적 과정이 교육이다. 그러므로 유학은 철저하게 정치학이고,

---

[3] 三綱領은 '明明德, 新民(親民), 止於至善'이고, 八條目은 '格物, 致知, 誠意, 正心, 修身, 齊家, 治國, 平天下'를 말한다. 이는 유학에서 정치의 원리이자 실천의 기초이고, 정치와 교육이 분리되지 않은 상황으로 인식할 때, 유학의 학문체계이다.
[4] 유인희, 『朱子哲學과 中國哲學』(범학사, 1980), 146-148쪽 참조.

종국적으로 교육학이 될 수밖에 없다.[5]

 이런 인식에 기초하면, 『대학장구』는 '교육'과 '정치'의 통일을 꾀하는 학문 텍스트이다.[6] 그 텍스트의 서문에 해당하는 『대학장구』 「서」에는 전통 고등학문의 근거로서 『대학』의 역사와 유학의 변천사가 담겨 있다. 그것은 유학의 도통관(道統觀)과 심법(心法)[7]을 전수하려는 의지를 천명한다. 아울러 인간의 삶과 학문, 교육방식의 표준을 규정한다. 뿐만 아니라, 『대학』이 고등학문을 안내하는 차원에서 무엇을 다루고 있는지, 고등교육의 내용과 교육원칙, 방법, 실천, 고등교육의 흥망과 표준, 정치와 교육을 재확립하는 동기 등을 조리 있게

---

5) 丁淳睦, 「한국 유학과 인간교육의 문제」, 윤사순 외, 『孔子사상의 발견』(민음사, 1992), 358쪽; 엄밀히 말하면, 유학은 교육의 과정을 거쳐 정치를 구현하면서 학문을 완성하는 체계이다. 이는 유학이 교육과 정치를 뫼비우스 띠처럼 연결하고, '교육-정치'의 유기체적 연관을 실현하려는 인간학이자 삶의 미학이라는 차원을 보여준다.

6) 『大學章句』『序』를 하나의 '텍스트(Text)'로 제시한 것은 다음과 같은 이유에서이다. 김형효(『데리다의 해체철학』, 민음사, 1993, 15-28쪽)에 의하면, '책(Book)은 의미가 일정한 체계적 줄거리를 중심으로 지니고 있다. 때문에 그것은 하나의 상자에 질서정연하게 담겨있는 과일들처럼 그렇게 촘촘히 박혀있는 의미들의 전체성에 해당한다. 책은 의미의 진열대이자 의미가 현존하는 보석상자이고, 의미를 가두어 두는 전체성의 뒤주와 같다. 다시 말하면, 책의 의미는 전체적이고 폐쇄적 영역확보, 저자의 자의식, 신적 창조, 영혼의 대화, 영혼의 모방과 초상, 아버지와 스승의 가르침 등의 개념과 불가분의 관계를 맺고 있다. 그러나 텍스트는 책과 전혀 다른 지대에 속한다. 신화학적 진술이 고정적으로 지니고 있는 현실적 중심이 없다. 시간과 공간의 복합태 속에 존재하는 것이 무엇이든지 텍스트로 간주된다. 책이 기호의 내용을 중시하는 소기(所記)라면 텍스트는 능기학(能記學)은 아니더라도, 어떤 것의 최종적·궁극적 의미가 있을 수 없다.' 물론 『대학』이라는 경전은 전혀 텍스트가 될 수 없는, 유학이라는 질서정연한 폐쇄적 영역을 확보하고 있는, 책의 영역에 속한다. 그러나 주자의 성리학은 공맹(孔孟)의 순수한 원시유학을 초월하여, 도교(道教)와 불교(佛教), 기타 다양한 사유가 상당히 영향을 미친 잡박한 새로운 유학이라는 차원에서 다양한 해석의 여지가 존재한다. 여기에서 『대학장구』『서』를 텍스트로 이해하고 싶은, 위험한(?) 해석을 감행한다. 전통 유학의 고등학문성과 현대 고등교육학의 간극을 좁히기 위해 새로운 해석이 가능하고 다른 뜻을 도출을 할 수 있으며, 끊임없는 보충 대리를 할 수 있다는 의미에서 텍스트로 제시해 본다.

7) 유학은 『서경(書經)』『대우모(大禹謨)』의 '16자 심법(十六字心法)'인 '인심유위 도심유미 유정유일 윤집궐중(人心惟危, 道心惟微, 惟精惟一, 允執厥中)'으로부터 심학(心學)의 가능성을 제기한다. 맹자의 경우, '선단론(善端論)', 또는 '성선설(性善說)'을 통해 인간의 선의지(善意志)를 명백히 하면서 그 근원을 마음에 두었다. 특히, 마음의 존재양식, 기능과 역할, 보존과 함양이라는 마음수양의 방법을 기초로 인정(仁政)과 왕도(王道)를 지향하는 뚜렷한 목표를 제시하여 유학의 이론적 바탕을 마련하였다.

밝히고 있다. 이는 동아시아 전통 고등학문의 성격을 체계적으로 파악할 수 있는 가장 의미 있는 자료이다.

물론, 주자가 강조한 고등학문이 당시의 시대상황을 반영하고 있기에, 현대 민주주의의 고등교육 시스템과 동일하거나 유사할 수는, 결코 없다! 정치체제가 완전히 다르고, 이념이 전혀 같지 않다. 군주정(君主政)에서 민주정(民主政)으로 정치 패러다임 전환이 이루어진 지 오래 되었다. 이제, 대한민국은 국호에서도 확인되듯이, 전제군주(專制君主)가 휘두르던 독재(獨裁)의 시대를 뒤로 하고 공화민주(共和民主)제도를 시행하고 있다.

'이런 시대에, 무슨 주자 유학의 고등학문을 꺼내는가?'라고 꼬집을 수도 있으리라. 그럴지라도 동서고금을 막론하고 고등학문이 지닌 보편적 특성에 기초할 때, 교육의 원리와 방법 차원에서 현대 고등교육에 응용할 사안은 상당부분 존재한다. 문제는 시대정신을 충분하게 분석하고 검토한 후에 고려할, 고등교육 내용의 한계와 유용성을 판별하는 작업이다. 『대학장구』「서」는 내용에 따라 단락별로 나누어 고찰할 수 있다.[8] 아래에서 현대 고등교육에 시사점을 줄 만한 고등학문의 이론을 분석하면서 검토해 본다.

---

8) 陳櫟(1252~1334, 흔히 新安陳氏라고 함)은 『大學章句』「序」를 여섯 부분으로 나누어 볼 수 있다고 하고, 그 가운데 정밀한 뜻이 두 번째 절에 있다고 했다. 즉 '그 본성[성품]이 있는 바를 알아서 온전히 한다.'는 말과 '가르쳐서 그 처음의 상태로 회복한다.'라고 말한 부분이 이것이다(新安陳氏曰, 此序, 分六節, 精義尤在第二節, 曰, 知其性之所有全之, 曰, 敎之以復其初, 是也.). 여기서도 이에 따라 단락을 나누고, 고등학문의 내용과 체계를 살핀다.

2. 유학적 인간관과 고등학문의 존재 이유

〈#텍스트 1〉

『대학』이라는 책은 옛날 태학(太學; 대학; 고등교육기관)에서 사람을 가르치던 양식이다. 자연[하늘]은 사람을 탄생시킬 때부터 반드시 인의예지(仁義禮智)의 본성을 부여하였다. 그러나 그 사람마다 타고난 기질(氣質)이 동일할 수는 없었다. 때문에 모든 사람이 그 본성이 어떠한지를 알아서 온전하게 자신의 것으로 만들 수 있는 것은 아니었다. 한 사람이라도 총명하고 지혜가 있어, 그 본성을 그대로 발휘할 수 있는 사람이 그 가운데서 나오면, 하늘이 반드시 그에게 명령하여 백성들의 임금과 스승이 되게 하였다. 그리고 그에게 백성들을 다스리고 가르치게 하여, 그 본성을 회복하게 만들었다. 이것이 바로 복희(伏羲)·신농(神農)·황제(黃帝)와 요(堯)·순(舜)임금이 하늘의 명령을 이어받아 백성들이 살아가는 법도를 세웠고, 사

도(司徒)의 직책과 전악(典樂)의 관직을 설치하여 교육하게 된 까닭이다.[9]

〈#텍스트 1〉을 보면, 먼저 『대학』에 관한 소개로부터 시작한다. 그것은 태학(太學)이라는 고등교육기관에서 인간을 교육하던 포괄적 양식이다. 이어서 인간과 교육에 대한 논의로 들어간다. 〈#텍스트 1〉에서 제시한 내용은 크게 두 가지로 분석할 수 있다. 하나는 인간을 바라보는 관점이고, 다른 하나는 학문[교육]을 실천하는 근본 이유이다. 다시 말하면, 유학적 인간학과 교육의 본질 이론을 압축적으로 표현하고 있다. 그러기에 인간교육의 내용과 장소, 그 전체 시스템을 상징적으로 묘사한 '대학'에 관한 설명을 화두로 삼아, 고등학문의 문제를 풀어 나간다.

『대학』은 '태학(太學; 고등교육기관)'에서 사람을 가르치던 양식'이라고 한다. 그것은 계급이 엄격하게 분화되고, 신분질서에 따라 직분과 예의를 구분하였을지라도, 인간됨을 가르치던 모범이며, 교육의 전반적 양식(樣式)을 담고 있다. 신분질서를 옹호하고 계급의 특성을 담보하기 위한 교육은, 각 계급이 용인하는 모범적 양식을 갖추어야 한다. 따라서 반드시 일정한 기준과 내용을 제시하고, 그 이유에 타당성을 부여하였다. 신분과 계급질서에 합당한 적절한 기준과 전범

---

[9] 『大學章句』「序」: 大學之書, 古之大學, 所以敎人之法也. 蓋自天降生民, 則旣莫不與之以仁義禮智之性矣. 然其氣質之稟, 或不能齊. 是以 不能皆有以知其性之所有而全之也. 一有聰明叡智, 能盡其性者, 出於其間, 則天必命之, 以爲億兆之君師, 使之治而敎之, 以復其性, 此伏羲神農黃帝堯舜, 所以繼天立極, 而司徒之職, 典樂之官, 所由設也.

(典範)이 필요했던 것이다. 기준과 전범은 일종의 지반(地盤)이다. 때문에 주자는 제자들과의 대화를 통해, 지반의 의미를 다음과 같이 안내한다.

> 난아부: 『대학』이 갖추고 있는 큰 뜻이 무엇입니까?
>
> 주자: 『대학』은 몸을 닦고 사람을 다스리는 본보기가 되는 학문의 틀이다. 이는 사람이 집을 짓는 것과 비슷하다. 집을 짓기 위해서는 반드시 지반을 먼저 다져야 한다. 지반이 만들어지면 그것을 바탕으로 집을 지을 수 있다.
>
> 어떤 사람이 물었다. '『대학』은 성인이 세상을 살아가는데 근본으로 삼은 책입니까?'
>
> 주자가 대답하였다. '사람이 집을 짓는데 비유하면, 이는 하나의 큰 기반을 다지는 그림을 그리는 일이다. 그것을 이해하고, 필요한 재료가 있으면, 그에 의거하여 집을 만들어 나간다. 이때 집 짓는 일은 전체적으로 보면 하나의 도리에 해당한다. 임금의 경우, 북쪽을 밝혀 남쪽으로 보고 앉은 것은 요가 임금이 된 것이고, 이것을 밝혀 북쪽으로 보고 임금을 모신 것은 순이 신하가 된 것이다.[10]

---

10) 『朱子語類』卷14: 亞夫問大學大意. 曰, 大學是修身治人底規模. 如人起屋相似, 須先打箇地盤. 地盤旣成, 則可擧而行之矣. 或問, 大學之書, 卽是聖人做天下根本. 曰, 此譬如人起屋, 是畫一箇大地盤在這裏. 理會得這箇了, 他日若有材料, 卻依此起將去, 只此一箇道理.

주자는 고등학문을 통해 양성하려는 사람이라는 집, 그 지반을 인간관에서 찾아 나섰다. 문제의 초점은 간단하다. 다음은 그 이론적 가정이다.

> 사람은 누구나 인의예지(仁義禮智)의 본성을 갖추고 있다!
> 그런데 기질(氣質)로 존재하는 성품은 사람마다 차이가 있어 본성을 온전하게 보존하지 못한다!

다시 설명하면, 사람은 누구나 인의예지(仁義禮智)라는 착한 본성을 지니고 있다. 이는 맹자의 성선설(性善說)에 기초한다. 성선[性善]은 인간이 다른 사물과 구별되는 차원에서 논의한 사안으로, 인간의 보편적 특성을 지적한 대목이다. 인간은 예외 없이 '인의예지'를 통해 '선(善)의 존재'로 상정된다. 적어도 '선할 가능성인 선단(善端)을 지닌' 인간으로 설정된다. 그것은 '인간이 태초에는 누구나 착하다!'는 가정이다. 이때 '인의예지'는 형이상학적 본성이기에 이해하기가 쉽지 않다.

이 '인의예지'의 성(性)을 송나라 때의 유학자들은 '의리지성(義理之性)'이라고도 했다. 이 성(性)은 오직 인간에게 있고, 다른 생물에게는 없다. 그러기에 성(性)은 '인의예지'의 도덕을 실현할 수 있는 핵심 내용으로, 인간이 다른 존재보다 존귀하고 우위에 설 수 있는 근거이다.[11] 주자가 완성한 성리학에서 '인의예지(仁義禮智)'라는 인간의 본성은 자연의 법칙에 빗대어 다음과 같이 설명된다.

> 생명력 있어 자라나려는 뜻은 인(仁)이다. 사그라져서 죽으려는 뜻은 의(義)이다. 발현되어 통할 수 있는 것은 예(禮)이다. 거두고 감추어져 헤아릴 수 없는 것은 지(智)이다. …… 이를 다시 계절에 비유한다면, 봄은 인이고, 여름은 예이며, 가을은 의이고, 겨울은 지이다.[12]

계절의 순환법칙과 자라나는 곡식[식물]의 생존양식을 다시 풀이하면, 봄에는 씨앗을 뿌려 생명력이 움트고 새싹이 돋아 나온다. 이것이 인이다. 여름에는 싹이 점차 자라나 잎이나 줄기가 무성하게 되면서 생명력을 한껏 펼친다. 이것이 예이다. 가을은 수확의 계절이다. 왕성하던 생명력을 거두어 감추는 마당이다. 이것이 의이다. 겨울은 고요히 생명력을 저장해 두었다가 다음 해를 준비하는 시기이다. 이것이 지이다.

이때 생명력의 순환을 의미하는 자연의 법칙은 '원형이정(元亨利貞)'의 천도(天道)이다. 그것은 땅에서는 '봄-여름-가을-겨울'의 지도(地道)로 드러나고, 인간에게는 '인-의-예-지'의 인도(人道)로 표출된

---

11) 쑹잉청(황갑연 옮김), 『大學哲學』(서광사, 2000), 53-54쪽.
12) 『性理大全』卷36, 「性理」8: 生底意思是仁, 殺底意思是義, 發見會通是禮, 收藏不測是智. …… 春仁也, 夏禮也, 秋義也, 冬智也.

다. 이른바 '천-지-인'으로 통합되는 천도(天道)와 지도(地道), 그리고 인도(人道)는 모두 형이상학(形而上學)의 차원이다. 왜냐하면 도(道)를 논의하고 있기 때문이다. 하지만 형이상학의 형이상인(形而上)인 천도(天道)에 비유하면, 지도(地道)와 인도(人道)는 상대적으로 구체적인 형이상학의 형이하(形而下) 영역이다.

인간의 본성을 이해하는데 결정적으로 기여한 '인의예지(仁義禮智)'는 맹자가 마음[心]을 설명하면서 부각시킨 개념이다.[13] 따라서 형이상학적 본성을 끊임없이 논의하기보다는 사단(四端)으로 잘 알려진, '측은(惻隱), 수오(羞惡), 사양(辭讓), 시비(是非)'의 마음인 정(情)을 부각하여 이해할 때, 명확한 의미가 드러난다. 그 정은 온화하고 사랑이 가득하다. 끊고 맺음이 분명하다. 공경하고 절도 있는 예의를 지닌다. 구분하고 옳고 그름을 판별할 줄 아는 도리를 지닌다. 요컨대, 정은 인간의 마음을 표출하는 근원적인 힘이다.

앞에서 비유한 자연의 법칙인 '천도(天道)와 지도(地道)'처럼, 정(情)으로 상징되는 '인도(人道)'는 역동적이고 다양한 양상으로 드러난다. 달리 표현하면, 그것은 모든 인간이 지니고 있는 '착할 가능성[善端]'이다. 인(仁)은 생명의 지향성인 '생의(生意)' 그 자체이다. 예(禮)는 생의(生意)가 살아 세상에 두루 미치는 작업이다. 의(義)는 과

---

13) 『孟子』「公孫丑」上: 孟子曰, 人皆有不忍人之心.…… 惻隱之心, 仁之端, 羞惡之心, 義之端, 辭讓之心, 禮之端, 是非之心, 智之端也(맹자가 말하기를, 사람들은 모두 차마 하지 못하는 마음을 지니고 있다. …… 측은지심은 인의 단서이고 수오지심은 의의 단서이고, 사양지심은 예의 단서이고 시비지심은 지의 단서이다.)

단함을 속성으로 맺고 끊는 것이 분명한 사안이다. 지(智)는 속으로 숨겨 잘 판단하여 다시 준비하는 자세이다. 이런 성품은 인간에게 본구적(本具的)으로 갖춰져 있다. 〈#텍스트 1〉은 바로 이러한 인간의 천부적 본성을 가정한다. 그것을 '본연지성(本然之性)'이라 하고, 다른 표현으로는 '의리지성(義理之性)'이라고 하였다. '성명의리지학(性命義理之學)'으로서 성리학(性理學)의 근본 화두가 여기에서 움튼다. 그것이 전통 유학이 추구한 고등학문의 시발점이다.

그런데 '인의예지'의 본성[천성]을 중심으로 하는 '의리지성(義理之性; 本然之性)'과 기질을 중심으로 하는 '기질지성(氣質之性)' 사이에 모순이 감지된다. 이 문제를 두고, 학자들은 혼란에 직면했다. 특히, 기질에 관한 인식은 심각한 논란거리였다. 본연지성으로서 인간의 성품은 착하다! 그런데 인간은 사람에 따라 기질에 차이가 있다! 이런 품성에 대한 근원적 간극은, 착한 본성을 온전하게 보존하지 못하는 현실적 문제를 야기했다. 어떤 해결책이 있을까?

기질(氣質)의 일차적이고 대표적인 특징은 생래적 조직, 즉 '기질의 경향성'이다. 생리조직은 식욕(食慾)과 성욕(性慾)으로 대표된다. 그것의 자기 보존적 경향성은 인의예지(仁義禮智)의 발현을 강력하게, 그리고 지속적으로 간섭한다. 현실에서 발생하는 악(惡)은, 이 간섭이 극단적으로 심화되어 균형을 이루고 있는 정감(情感)의 장을 변형

시킨다. 여기에서 인간의 후천적 노력 문제가 제기된다.[14] 기질지성(氣質之性)을 교정(矯正)하여 본연지성(本然之性)을 회복하라! 유학이라는 전통 고등학문의 작업이 그것을 떠맡았다. 품성을 둘러싼 모순과 혼란 가운데 아래와 같은 간략한 대화가 고등학문의 길이 어떠해야 하는지를 암시한다.

> 난아부: 『대학』 서문에서 '이미 인의예지의 성을 부여하고 또 품부 받은 기질이 있다.'라고 하였습니다. 이른바 기질은 그 성품이 굳세거나 부드럽고, 힘이 있거나 약하고, 밝거나 쾌활하고, 더디고 무딘 것 같은 특성이 아닙니까?
>
> 주자: 그렇다. 기(氣)는 처음 품부 받은 것이고, 질(質)은 이러한 모양이 이루어지는 것이다. 이는 쇳돌이나 나무의 싹과 비슷하다. 음양오행(陰陽五行)의 기가 하늘과 땅 가운데 흘러들어 빼어난 것이 사람이 되고, 찌꺼기는 물건이 된다. 빼어난 것 가운데 더 빼어난 것은 성인이 되고 현인이 된다. 빼어난 것 가운데 질이 떨어지는 찌꺼기는 우둔한 사람이 되고 불초한 사람이 된다.[15]

---

14) 한형조, 『주희에서 정약용으로』(세계사, 1996), 108-112쪽 참조.
15) 『朱子語類』卷14: 亞夫問, 大學序云, 旣與之以仁義禮智之性, 又有氣質之稟. 所謂氣質, 便是剛柔强弱明快遲鈍等否. 曰, 然. 又云, 氣, 是那初稟底. 質, 是成這模樣了底. 如金之口, 木之萌芽相似. 又云, 只是一箇陰陽五行之氣, 滾在天地中, 精英者爲人, 渣滓者爲物. 精英之中又精英者, 爲聖, 爲賢. 精英之中渣滓者, 爲愚, 爲不肖.

여기에서 주자는 기질(氣質)을 음양오행(陰陽五行)의 관계로 설명하였다.[16] 그것은 기질이 음양오행의 교착(交錯)과 운행(運行)만큼이나 다변화(多變化)한다는 의미이다. 따라서 현실을 살아가는 인간은 누구나 동일한 차원으로 존재하지 않는다. 맑은 사람도 있지만 흐린 사람도 있다. 한 쪽으로 치우친 사람도 있고, 공명정대하게 올바른 사람도 있다. 굳센 사람도 있고 부드러운 사람도 있다. 지혜로운 사람도 있고 어리석은 사람도 있다. 이처럼 삶의 차이를 다양하게 펼쳐 보이는 것이 인간세계이다. 인간의 본성에 관한 이런 인식이 '기질의 교정'[17]을 제시한 유학적 인간학이자 고등교육을 지속하려는 구체적 이유이다.

인간은 누구나 착한 본성을 지니고 있다. 그런데 사람마다 기질이 고르지 않아 욕망을 추구하게 되었고, 끊임없이 미끄러져 가는 욕망으로 인해 착한 본성이 희미해졌다. 따라서 인간의 착한 본성, 품부한 그대로의 본래 모습을 찾아 나가야 한다. 그것은 선천적으로 구비한 착한 '도덕성의 회복'이다. 다시 말하면, 본연의 성품[本然之性]은 지극히 착한 것이지만, 기질의 성품[氣質之性]은 사람에 따라 다르다. 특히, 개인적 욕망이나 욕심에 이끌려 본성을 흐리게 될 때, 인간

---

16) 『性理大全』 卷27, 「理氣」2: 朱子曰, 陰陽是氣, 五行是質.
17) 기질은 한쪽으로 치우치거나 결함을 지닌 것이기 때문에 불균형을 이루고 있다. 이런 기질지성을 본연지성의 원초적이고 이상적인 상태로 교정하려는 기질의 교정, 즉 矯氣質은 유학이 지향하는 학문의 핵심을 차지한다. 栗谷 李珥는 『大學』을 확대하여 저술한 『聖學輯要』에서, 보다 구체적인 고등학문의 내용과 방법을 제시한다. 그것은 '기질은 같지 않고 그것을 교정하는 데도 각각 다른 방법이 있다'는 것과 '기질을 바로 잡는 방법이 克己에 있다'는 것, 그리고 '기질을 바로 잡는 공부는 勉強에 있다'는 점이다. 신창호, 『율곡 이이의 교육』(경인문화사, 2015) 참조.

은 나쁜 일을 저지르며 악의 구렁텅이로 전락할 수 있다. 때문에 본연지성을 회복하여 그것을 지속하고 발휘하도록 제도적 장치를 마련해야 한다. 그것이 바로 고등학문이 요청하는, 인간의 자기 구제장치이다. '처음의 본성으로 돌아가라!'는 '복기초(復其初), 즉 복기성(復其性)'의 정신을 살리는 작업이다.[18] 유학에서 학문, 고등교육은, 적어도 주자 성리학의 범주에서는, 이를 벗어나지 않는다.

이제 고등학문은 '복기성(復其性)'의 정신을 기준으로, 또는 본성을 남김없이 발휘하도록 정성을 다하는 성인(聖人)에 의해, 구체적으로 진행된다. 복희(伏羲)에서 요·순(堯·舜)에 이르는 성인은 바로 '복기성·복기초'의 고등학문을 직접적으로 담당하는 존재이자, 그런 모습을 체득한 유학적 인간상의 전형이다.[19] 사도(司徒)나 전악(典樂)과 같은 교육[학문] 관련 책임자를 설치하여 본격적으로 고등교육을 진행하려는 의지는, 이런 유학적 인간관과 고등학문이 지향하려는 교육의 본질 이론에 의거하여 제시된 것이다.

---

18) 趙顯圭, 『朱熹人文敎育思想硏究』(台北: 文津出版社, 1998), 96쪽 참조.
19) 司馬遷, 『史記』「本紀」卷1, 「五帝本紀」 참조.

3. 고등학문의 마당과 학습의 과정

⟨#텍스트 2⟩

> 삼대(三代; 하·은·주)가 융성할 때, 그 법도가 점차로 갖추어졌다. 그런 다음에 임금의 궁궐과 도읍으로부터 시골의 거리에 이르기까지 모두 학교를 설치하였다. 사람이 태어나서 8세가 되면, 위로는 왕(王)·공(公)으로부터 아래로는 서민의 자제에 이르기까지, 모두 소학(小學; 초중등 수준의 보통교육기관)에 들어가게 하였다. 소학에서는 물 뿌려 쓸고, 응낙하고 대답하며, 나아가고 물러가는 절차와 예의와 풍류, 활쏘기와 말부리기, 글씨와 수학 등을 가르쳤다. 자라나서 15세가 되면, 천자(天子)의 맏아들과 여러 아들로부터 공(公)·경(卿)·대부(大夫) 및 원사(元士)의 적자와 서민의 자제 가운데 준수한 사람에 이르기까지, 모두 태학(太學; 고등교육기관)에 들어가게 하였다. 태학에서는 이치를 연구하고 마음을 바르게 하며, 몸을 수양하고 사람을 다스리는 도리를 가르쳤다. 이런 차원에서 소학(小學)이

라는 초중등 수준의 교육과 태학(太學) 고등교육기관이 구분되었다.[20]

앞에서 논의한 〈#텍스트 1〉에서는 학문하는 이유를 밝히는 동시에, 그에 따른 교육 담당관의 설치가 눈에 띄었다. 〈#텍스트 2〉에서는 그 전개과정이 구체적으로 언급된다. 먼저, '하(夏)-은(殷)-주(周)'로 연결되는 중국 고대사회의 삼대(三代) 왕조가 제 각기 융성한 시기처럼 국가체제가 정비되고 발전하면, 나라의 중심부인 서울은 물론 지방의 곳곳에 이르기까지, 전국 단위에서 교육기관이 설치되었음을 보여준다. 『예기(禮記)』「왕제(王制)」에는 그런 상황을 다음과 같이 기록하고 있다.

> 천자(天子)는 고급 관료인 신하와 나라의 구성원인 백성을 가르칠 것을 명령한 후에, 학교를 세운다. 소학(小學; 보통교육기관)은 공궁(公宮)의 남쪽 왼편에 설치하고, 태학(太學; 고등교육기관)은 성 밖에 설치한다. 천자(天子)의 태학(太學)을 '벽옹(辟雍)'이라 하고, 제후(諸侯)의 태학(太學)을 '반궁(頖宮)'이라 한다.[21]

인용문에서 볼 때, 소학에서 태학에 이르기까지, 전국 곳곳에 학교

---

20) 『大學章句』「序」: 三代之隆, 其法寖備, 然後王宮國都, 以及閭巷莫不有學. 人生八歲 則自王公以下至於庶人之子弟, 皆入小學, 而敎之以灑掃應對進退之節, 禮樂射御書數之文. 十有五, 則公卿大夫元士之適子, 與凡民之俊秀, 皆入大學, 而敎之以窮理正心修己治人之道. 此又學校之敎, 大小之節所以分也.

21) 『禮記』「王制」: 天子命之敎, 然後爲學, 小學在公宮南之左, 大學在郊, 天子曰辟雍, 諸侯曰頖宮.

를 설치했다는 사실은 매우 주목할 만하다. 소학은 현재적 의미의 교육기관에 비유하면, 아동·청소년이 보편적 수준의 기본 학습을 이행하는 초·중등의 보통교육기관이다. 태학은 대학생 이상의 성인이 특수한 수준의 전문 학습을 이행하는 고등교육기관이다. 때문에 초·중등교육은 보편적인 대중교육을 지향하고, 고등교육은 전공이라는 이름하에 전문교육을 추구한다. 물론, 초·중등교육이건 고등교육이건, 그 수준에 부합하는 교양교육은 공통교과로서 필수적이다.

소학이건 태학이건, 국가의 구성원인 신하와 백성을 대상으로 전반적인 교육을 모색했다는 것은 중요한 의미를 지닌다. 이는 왕정시대 교화(教化) 차원의 교육을 모든 백성들에게 부과하여 의식화를 도모한 것이다.[22] 그러기에 계급과 신분질서에 따라 일정한 교육기관에서 적절한 교육과정을 설치하였다. 특히, 소학의 경우, 일반 백성에게 배움의 길을 개방하였다. 이는 현대적 의미의 의무교육이나 교육의 대중화, 또는 보통교육의 차원은 아닐지라도, 보편적인 측면의 교육을 열어놓았다는 점에서 의미심장하다.

무엇보다도 〈#텍스트 2〉의 주요 쟁점은 학문의 과정과 내용의 구체성에서 찾을 수 있다. 학문의 과정은 전통 유학에서 일반적으로 다

---

22) '교화(教化)'는 특수한 상황에 처한 개인의 입장을 고려한 교육활동이다. 교화는 훈련(訓練)과 유사한 측면도 있지만, 특정한 목적과 이데올로기를 일방적으로 주입하는 과정이다. 예를 들면, 기독교·이슬람교 같은 종교나 공산주의 국가에서 그들의 교리나 이론을 주입하여, 국민들을 무장시키거나 의식화하는 경우가 이에 해당한다. 유교의 경우에도, 특별한 신(神)을 신봉하는 종교는 아니지만, 오륜(五倫)을 비롯한 여러 사유 체계가 이데올로기나 절대적 진리처럼 주입되면서 질서를 고민하는 차원에서 교화적 성격이 강하다.

루는 '소학'과 '대학'으로 분명하게 나누었다. 그것은 주자의 학문적 신조(信條)와 연관된다. 주자는 말한다.

> 소학은 본성(本性)을 함양하는 일이다. 대학은 그 이치를 실천하는 작업이다. 충(忠)·신(信)·효(孝)·제(弟)와 같은 부류는 소학에서 나왔다. 그러나 정심(正心)·성의(誠意)와 같은 고등수준의 학문 내용을 어떻게 소학에서 다룰 수 있겠는가? 모름지기 그에 대한 인식이 선행되어야 실천할 수 있는 것이다. 『대학』의 경우, 한 구절 한 구절로 보면 순서대로 잘 펼쳐져 있다. 그러나 반드시 해당 단계에 이르러야 나아갈 수 있다. 이미 이르렀으면 반드시 나아야 하고, 아직 이르지도 않았는데도 나아가는 것은 옳지 않다. 나라가 이미 다스려져 자기 마음을 미루어 다른 사람의 마음을 헤아린다면, 또한 온 나라가 모두 이를 모범으로 삼으려 할 것이다.[23]

주자는 당시의 관료 선발제도인 과거(科擧)와 고등교육기관의 학문성에 대해 깊은 불만을 표시했다. 과거 시험제도는 모든 국가병폐의 근원이다! 왜냐하면 학문의 근본을 잊고 말단을 쫓기 때문이다. 인간의 욕망에 따른 이익을 도모하고 옳은 것을 버린다! 이것이 도대체 학문을 담보로 이루어지는 고등교육의 결과인가? 고등교육기

---

23) 『朱子語類』卷14: 小學涵養此性, 大學則所以實其理也. 忠信孝弟之類, 須於小學中出. 然正心·誠意之類, 小學如何知得. 須其有識後, 以此實之. 大抵大學一節一節恢廓展布將去, 然必到於此而後進. 旣到而不進, 固不可; 未到而求進, 亦不可. 且如國旣治, 又卻絜矩, 則又欲其四方皆準之也.

관이라는 곳이 알맹이 없는 글만을 숭상한다. 도덕(道德)으로 이치를 다스리는, 그런 실질에 기여한 내용이 없는 공간으로 변질되었다! 이런 교육의 피폐함을 보면서, 주자는 '소학-대학'의 유기체적 학문과정과 교육제도를 고민하였다.[24]

주자는 소학의 입학 시기를 8세, 대학은 진학 시기를 15세로 적시하였다. 물론, 그 기준은 주자가 독창적으로 창안한 것은 아니다. 오래 전부터 전해오던 『예기』와 『상서』 등 여러 경전의 내용을 참조하여 정돈하였다.[25]

이는 아동·청소년의 발달이나 성장을 과학적으로 규명하여 취학연령을 설정한, 현대적 의미의 학령(學齡)이나 학제(學制)와 동일하게 대비하기에는 한계가 있다. 그러나 한편으로는 경험적으로 인간의 발달을 고려하여 교육을 고민한, 유사한 측면도 발견된다. 주시할 부분은 학문내용의 차원이다.

소학의 내용은 크게 두 가지 부분으로 나누어 제시되었다. 하나는

---

24) 范壽康(洪瑀欽 譯), 『朱子와 그 哲學』(영남대출판부, 1988), 제8장 주자의 教育思想 참조.
25) 경전에 따라 소학과 대학에 입학하는 나이, 교육 대상 등이 아래와 같이 다르게 기록되어 있다.

경전	소학		대학	
	입학시기	대상	입학시기	대상
『禮記』『大戴記』	8세		15세	
『尙書大傳』	13세	공·경의 태자 원사의 적자	20세	공·경의 태자 원사의 적자
『白虎通』	8세	태자	15세	태자
『大學章句』	8세	모든 계층의 자제	15세	천자의 자제, 공·경·대부·원사의 적자, 서민의 준수한 자제

'쇄소응대진퇴지절(灑掃應對進退之節)'이고 다른 하나는 '예악사어서수지문(禮樂射御書數之文)'이다.[26] 쇄소·응대·진퇴(灑掃·應對·進退)와 예악·사어·서수(禮樂·射御·書數)는, 개념상 둘이 서로 어울려 하나를 이루는 '짝(pair)'으로 구성된다. 즉 서로를 요청하는 '짝'을 구성하는 개념으로 이루어져 있다. '쇄(灑)-소(掃)', '응(應)-대(對)', '진(進)-퇴(退)'가 그러하고, '예(禮)-악(樂)', '사(射)-어(御)', '서(書)-수(數)'가 그러하다.

먼저, '쇄소응대진퇴(灑掃應對進退)'을 보면, '쇄소(灑掃)'는 새벽에 닭이 처음 울 무렵, '물을 뿌리고 쓰는 일'이다. 일종의 청소 행위이다. 어른을 위해 오물을 치울 때, 빗자루를 쓰레받기 위에 얹고 가서 소매로 가리고 물러나며 쓸어내되, 쓰레받기를 돌려 자신의 앞쪽으로 쓸어 담는 일과 같다. '응대(應對)'는 부모가 계신 곳에서 어떤 명령을 하면, 즉시 공손하게 대답하는 일이다. 또는 어른이 귓가에 대고 말씀을 하시면 입을 가리고 대답하는 일 등을 말한다. '진퇴(進退)'는 부모가 계신 곳에 함께 있을 때, 나아가고 물러나며 돌아다니는 일에 대해, 신중하고 경건하게 대처하는 일이다. 또는 손님과 함께 들어올 때, 먼저 들어가라고 손님에게 양보하는 행위와 같은 사안이다.[27] 이는 현대적 개념으로 쉽게 풀어 쓰면, '청소하기, 인사하

---

26) 『小學』「書題」에서는 '禮樂射御書數之文' 대신에 '愛親敬長隆師親友之道'로 되어 있다. 이는 일상의 예절과 삶의 기본 테크닉을 강조하는 『小學』 본래의 의지가 강조된 듯하다.

27) 『禮記』「內則」「曲禮」: 鷄初鳴, 灑掃室堂及庭. 爲長者糞, 加帚箕上, 以袂拘而退, 以箕自向而扱之.; 在父母之所, 有命之, 應唯敬對. 爲長者 辟咡詔之, 則掩口而對.; 在父母之所, 進退周旋愼齊. 凡與客入者,

기, 인간관계 맺기' 등 인간의 삶에서 핵심이 되는 기본생활예절과 밀접하다.

다음으로, 예악사어서수(禮樂射御書數)에서 '예(禮)'는 법도와 품계의 절차와 모습을 익히는 작업으로 예의범절에 맞게 가르치는 일이고, 악(樂)은 소리의 높낮이에 밝도록 하는 것으로 조화를 가르치는 작업이다. '사(射)'는 활 쏘는 방법으로 예법의 여부를 보고 덕행을 살피는 일이고, '어(御)'는 네 마리 말이 끄는 수레를 균형을 잃지 않고 몰 수 있도록 연습시키는 작업이다. '서(書)'는 글을 쓰는 서체를 통해 마음의 획을 읽는 일이고, '수(數)'는 계산하는 방법을 통해 물건의 변화를 알 수 있게 한다.[28] 이는 예의범절을 지키는 도덕과 정서함양,

---

每門讓於客.

28) 『大學章句大全』: 審易齊氏曰 …… 禮, 習於度數之節文, 所以敎之中也, 樂, 明於聲音之高下, 所以敎之和也. 射法, 一弓挾四矢, 驗其中否, 以觀德行, 御法, 一車乘四馬, 御者, 執轡立於車上, 欲調習不失驅馳之正也. 書, 書字之體, 可以見心畫, 數, 算數之法, 可以盡物變.; 예악사어서수(禮樂射御書數)는 '육예(六藝)'라고도 한다. 『小學』「立敎」에는 다음과 같이 기록하고 있다. 예(禮)는 크게 다섯 가지로 나누어 볼 수 있다. 첫째, 나라에서 지내는 여러 제사와 관련되는 '길례(吉禮)'이다. 둘째, 나라의 우환을 걱정하는 일인 '흉례(凶禮)'이다. 셋째, 다른 나라와 외교 친선 관계를 잘하는 '빈례(殯禮)'이다. 넷째, 나라를 지키고 유지하는 일과 관련된 '군례(軍禮)'이다. 다섯째, 사회 구성원 사이의 화목을 도모하는 '가례(嘉禮)'이다. '악(樂)'에는 황제의 음악인 '운문(雲門)', 요임금의 음악인 '함지(咸池)', 순임금의 음악인 '대소(大韶)', 우임금의 음악인 '대하(大夏)', 탕임금의 음악인 '대호(大濩)', 무왕의 음악인 '대무(大武)' 등 여섯 종류가 있다. '사(射)'에는 다섯 가지가 있었다. 첫째, 화살이 과녁을 뚫어 살촉의 흰 것을 보는 '백시(白矢)', 둘째, 먼저 하나의 화살을 발사하고 뒤에 세 개의 화살을 연속해서 쏘는 '삼연(參然)', 셋째, 깃머리는 높고 살촉은 낮게 나가 번쩍번쩍하는 '염주(剡注)', 신하가 임금과 활을 쏠 때, 감히 나란히 서지 못하고 임금에게 한 자쯤 양보하여 물러나는 '양척(讓尺)', 다섯째, 네 개의 화살이 과녁을 뚫어 우물 모양과 같다는 의미의 '정의(井儀)'가 있다. '어(御)'에도 다섯 가지가 있다. 첫째, 말이 움직이면서 멍에에 달려 있는 방울인 란(鸞)이 울리고, 수레 앞에 가로대는 나무에 달려 있는 방울인 화(和)가 응하는 '화란(和鸞)'의 어울림, 둘째, 물이 흐르는 형세의 굴곡을 따라 떨어지지 않도록 수레를 잘 모는 '축수곡(逐水曲)', 셋째, 수레가 조금만 기울어도 그 축이 문의 말뚝에 부딪치므로 이를 잘 제어하는 '과군표(過君表)', 넷째, 교차로에서 수레를 몰 때 회전하는 모습이 춤추는 가락에 응하는 것과 같은 '무교구(舞交衢)', 다섯째, 짐승을 거슬려 몰아 왼쪽으로 가게 하여 임금이 잡을 수 있도록 하는 '축금좌(逐禽左)'이다. '서(書)'에는 이른바 '육서(六書)'라고 하는 여섯 가지가 있다. 첫째, 해[日]나 달[月]과 같이 형체를 모방하는 '상형(象形)', 사람 인(人)과 말씀 언(言)이 합쳐져 믿을 신(信)이 되고, 그칠 지(止)와 창 과(戈)가 합쳐져 굳셀 무(武)가 되는 것과 같은 '회의(會意)', 고(考)나 노(老)와 같이 글자의

몸 단련과 정신집중, 읽기·쓰기·셈하기 등 기초적인 앎의 추구와 관계된다. 즉 아이들이 일상생활에 필요한 기초적인 일들을 익히고, 자신의 삶을 살아가기 위한 터전을 닦는 작업이다. 그러므로 형이상학적 사고나 관념적 유희가 아니라, 실제적이고 형이하학적인 '행위'공부를 중심으로 한다.

이 가운데서도 '쇄소응대진퇴(灑掃應對進退)'는 '절(節)'이라는 학습으로 상징되었다. '절(節)'이라는 말은 대나무로 만든 부절(符節)을 의미하듯이,[29] 딱 맞아 떨어지는 사물의 한 단락이나 규칙, 제도 등 일정한 '마디'를 나타낸다. 삶의 전체상황에서 볼 때, 어떤 사안의 한 부분을 나타내는 기본 단위이다. 따라서 절(節)을 기초로 하는 학습이나 교육은 기본적 생활예절을 실천하는 의미를 담는다. 그런 만큼 교육의 기본 단위이자 바탕을 이루는 근본공부이다. 어떤 사안보다도 1차적인 학습이나 교육에 해당한다. 그러기에 인간의 삶에서 필수적인 공부의 중심이 된다.

뜻을 서로 받아 좌우로 전환하여 붙이는 '전주(轉注)', 인(人)이 일(一) 위에 있으면 상(上)이 되고, 인(人)이 일(一) 아래에 있으면 하(下)가 되어 처함이 그 마땅함을 얻는 '처사(處事)', 이는 '지사(指事)'라고도 한다. '명령'이나 '우두머리'의 뜻이 있는 령(令)이나 '길다' '자라나다' '늘이다' 등의 뜻이 있는 장(長)처럼 한 글자를 두 가지 의미로 쓰는 '가차(假借)', 강(江)이나 하(河)와 같이 물[氵]을 형체로 삼고 공[工]이나 가[可]를 소리로 하는 '해성(諧聲)', 이는 '상형(形聲)'이라고도 한다. 이 여섯 양식이 그것이다. '수(數)'에도 아홉 가지가 있다. 첫째, 밭두둑의 경계를 잴 때 쓰는 '방전(方田)', 둘째, 교역을 할 때나 변역에 쓰는 '율포(栗布)', 귀천에 따른 봉급과 세금을 계산할 때 쓰는 '쇠분(衰分)', 넷째, 쌓아서 덮는 것과 네모나 원을 헤아릴 때 쓰는 '소광(少廣)', 다섯째, 공정과 적실을 할 때 쓰는 '상공(商功)', 여섯째, 가깝고 먼 거리의 수고비를 계산할 때 쓰는 '균수(均輸)', 일곱째, 나타나 보이지 않는 수로 서로 나타낼 경우에 쓰는 '영뉵(盈朒)', 여덟째, 어긋난 것이나 휜 것, 바르거나 구부러진 것을 잴 때 쓰는 '방정(方程)', 아홉째, 높고 깊은 것, 넓고 먼 것을 잴 때 쓰는 '구고(句股)'이다. 신창호, 『대학』 유교의 지도자 교육철학』(교육과학사, 2010), 73-76쪽 참조.

29) 『說文解字』: 節, 竹約也.

이에 비해, '예악사어서수(禮樂射御書數)'는 '문(文)'이라는 학습으로 상징된다. '문(文)'은 여러 선을 교차시켜 만든 무늬를 뜻한다. 즉 선을 엇갈리게 그린 것으로 무늬가 교차하는 것을 본뜬 글자이다.[30]

때문에 단순히 '글' 공부만을 의미하는 것이 아니다. 얽히고설킨 삶의 다양한 차원, 그 교착된 무늬의 세계인 총체적 문화(文化)를 지칭하면서도, 인생의 지혜를 습득하는 공부를 말한다. 따라서 '절(節)'을 기본으로 하는 학습이나 교육에 비해 2차적이다. 나무에 비유하면, '절(節)'공부는 뿌리와 몸통에 해당하고, '문(文)'공부는 가지와 줄기, 또는 잎에 해당한다. '절'공부를 기초교육에 안배한다면, '문'공부는 응용교육에 배치할 수 있다.

주자는 이런 공부의 핵심을 담고 있는 소학을 '사람을 만드는 틀'로 보았다.[31] 이런 의견은 소학이 인간 양육의 기본시스템이라는 말이다. '사람을 만드는 틀!' 그것은 '사람됨', 또는 '사람다움'으로 만드는 교육적 장치라는 말이다. 정자(程子)의 말을 확인하면, 소학의 중요성을 분명하게 살필 수 있다.

> 옛날 사람들은 아이가 밥을 먹을 수 있고 말을 할 수 있을 때부터 가르쳤다. 그 주요 목표는 잘못된 길을 가지 않도록 미리 예방하는 일이었다. 사람이 어릴 때는 다양한 지식이나 사색을 통해 자기의 주장을 강하

---

30) 『說文解字』: 文, 錯畫也. 象交文.
31) 『小學集註』「總論」: 朱子曰, 後生初學, 且看小學書. 那箇是做人底樣子.

게 펴지는 못한다. 그러므로 날마다 어린 아이가 보는 앞에서 올바른 말과 훌륭한 의논을 하여, 그것이 어린 아이의 귀에 쏙쏙 들어가고, 가슴에 가득 차게 해야 한다. 오랫동안 이렇게 하여 자연스럽게 편안하고 익숙해져, 본래 지니고 있던 것처럼 하면, 나중에 나쁜 말이 마음을 흔들고 유혹하더라도, 깊이 들어갈 수는 없게 된다. 미리 가르치지 않은 상태에서 아이가 점점 성장하면, 뜻과 생각이 한쪽으로 치우쳐 제멋대로 재단하고, 여러 사람의 감언이설에 마음을 빼앗길 것이다. 이렇게 되면 어린 아이가 착하게 될 수 없다. [32]

정자의 견해로 미루어 볼 때, 어릴 때부터 본격적으로 학교라는 제도를 만들어 공부하도록 하는 근본이유는 의외로 간단하다. 현대의 시선에서 교육적 의미를 부여하면, 아이가 엉뚱한 길로 빠져, 비행청소년이 되지 않도록 '예방(豫防)'하기 위해서이다. 이와 같이 삶의 예방적 차원에서 이루어진 것이 '소학' 공부의 핵심내용이었다. [33]

이러한 소학에 대해, 〈#텍스트 2〉에서는 대학의 학문내용을 엄격하게 구분하여 제시한다. 그것을 한 구절로 압축한 것이 바로 '궁리·정심·수기·치인지도(窮理·正心·修己·治人之道)'이다. 소학에서는 간단

---

32) 『小學集註』「總論」: 程子曰, 古之人, 自能食能言而敎之. 是故, 小學之法, 以豫爲先. 盖人之幼也, 知思未有所主, 則當以格言至論, 日陳於前, 使盈耳充腹, 久自安習, 若固有之者, 後雖有讒說撓惑, 不能入也. 若爲之不豫, 及乎稍長, 意慮扁好生於內, 衆口辨言於外, 欲其純全, 不可得已.

33) 아동교육의 차원이 아니라, 평생학습, 삶의 공부 차원에서 볼 때, '소학' 공부는 수양의 근본 문제를 제기하고 있는 儒敎 道學의 핵심이다. 이때 '소학'의 내용은 예방은 물론 치료적 차원 모두를 반영한다.

한 예의범절이나 기초적인 삶의 기술을 익히는 '절·문(節·文)'의 공부에 그쳤다. 그러나 대학에서는 단순한 삶의 방법 수준을 넘어 형이상학적인 학문의 세계를 추구한다. 즉 자연과 인간, 사회의 법칙과 이치를 연구하는 철학, 사람의 마음을 다스리는 윤리와 도덕, 자신을 수양하고 타인을 다스리는 정치학에 이르기까지 '도(道)'로 상징되는 학문을 제시한다.

'도(道)'를 지향하는 학문의 첫 단추가 유명한 '궁리(窮理)'이다. 궁리는 '세상의 이치를 끝까지 캐 물으며 파고 들어가는' 고등학문의 핵심 방법이다. 그만큼 주자는 고등학문을 어떻게 실천할지 고민하였다.

> 이른바 '궁리'를 실천하는 것은 '사물이 제각기 갖추고 있는 도리를 캐 물으며 파고 들어가 반드시 그 사물을 두루 알고 그 이치를 파악하는 일'이다. 만약, 한 쪽만 보고 다른 한 쪽을 보지 못한다면, 두루 통할 수 없게 된다. 모두 캐 물어 파악하지 못했다면, 더욱 열심히 노력하여 연구하고 밝혀야 한다. 자연의 질서는 사람이 파악하는 일로 궁극적으로는 밝은 측면이 무엇인지를 확인하는 것이 목적이다. 『대학』에서 '대학의 도는 명덕을 밝히는 것에 있다.'라고 했는데, 사람이 이 명덕에 합치되는 것을 말한다. 비록 물욕에 가려졌을지라도 이 밝은 도리는 완전히 없어진 적이 없었다. 반드시 밝은 곳을 따라서 점점 미루어 가야만 밝은 곳에 도달할 수 있으므로, 내 마음 또한 자연스럽게 행동의 기준을 마련한다. 처음

궁리할 때는 견고한 물건을 다루는 것과 같다. 때문에 반드시 그 물건을 다룰 수 있을만한 조그만 틈을 찾아, 이에 따라 공격하면, 힘을 쓰는 일이 어렵지 않게 된다. 예를 들어, 맹자가 사단(四端)을 논의한 것을 보면, 그 각각의 목표가 있었는데, 인의예지(仁義禮智)를 잡는다면 모두 그 실마리를 찾을 수 있다는 것이었다. 즉 그 펼쳐지는 단서에서 볼 수 있는 본체를 추구하면, 반드시 캐 물어 파고 들어갈 만한 이치가 있는 법이다.

사물의 이치는 사물에 나아가 궁리하고 탐구해야 한다. 왜냐하면 하나의 사물에는 하나의 이치가 있기 때문이다. 사물을 모두 캐 물어 파고 들어가 파악한 후에 일을 마주하면, 사물의 이치나 도리와 만나게 된다. 군주를 섬기면 바로 충(忠)을 만나게 되고, 부모를 섬기면 바로 효(孝)를 만나게 되며, 거처할 때는 삼가게 되고, 일을 볼 때는 공경하게 되며, 남에게는 충실하게 된다. 즉 『논어』에서 강조한 것처럼, 자장이 실천의 문제에 대해 묻자, 공자가 이렇게 말한 것과 같다. '말이 충실하고 신뢰로우며, 행실이 최선을 다하고 공경하면, 오랑캐의 나라일지라도 그 일이 실행될 수 있다. 반대로 말이 충실하지 못하고 신뢰가 없으며, 행실이 최선을 다하지 않고 공경하지 않으면, 자신이 다스리는 나라의 도회지라 하더라도 그 일이 실행될 수 있겠는가? 없다! 사람은 자리에서 일어서면 앞에 있는 일에 어떻게 참여하는지를 볼 수 있고, 수레에 있으면 멍에에 어떻게 기대고 있는지를 볼 수 있어야 한다. 이와 같은 다음에 실행이 가능하다.'³⁴⁾ 다시 말하면, 어떤 사안이건 실제로 해보지 않으면, 그에 해당하는 도리를 알지 못한다. 궁극에 이르지 않으면 보는 것이 진실하지 않다. 겉으로는 착한 일을 행하는 것 같을지라도 속으로는 나쁜 일을 행할 수 있으므로, 이는 결국 두 사람이 일하는 꼴이 되고 만다! 겉으로는 한 사람이 착한 일을 행하고, 속으로는 또 한 사람이 '나는 그런 일을 좋아하지 않는다.'라고 하는 상황에서, 지금은 속으로 좋아하지 않은, 한 사람을 이기는 것이 옳다. 삶의 올바른 도리가 담긴 성인의 책을 배우고서도 시정잡배들이나 하는 행위를 저지르고 있으니, 이는 무슨 도리를 속속들이 연구해서 그런가! 지금 '격물궁리(格物窮理)'를 말한 것은 도리가 절실함을 깨닫게 하는 일이므로, 벗어나려 하지 않아도 그 낡은 풍속과 습관에서 벗어날 수 있다. 처음부터 도리가 이와 같음을 깨달으면, 어떤 일에 대해 옳지 않다고 하면서 감히 행하지 않는다. 그 다음에 이치를 명백하게 깨달으면 행하기를 기꺼워하지 않게 된다. 또 그 다음 단계에서는 진정으로 깨닫게 되어 실행하지 않으니, 낡은 풍속과 습관이 모조리 없어지게 된다.³⁵⁾

---

34) 『論語』「衛靈公」: 子張問行, 子曰, 言忠信, 行篤敬, 雖蠻貊之邦, 行矣. 言不忠信, 行不篤敬, 雖州里, 行乎哉? 立則見其參於前也, 在輿則見其倚於衡也, 夫然後行.

35) 『朱子語類』卷15: 所謂窮理者, 事事物物, 各自有箇事物底道理, 窮之須要周盡. 若見得一邊, 不見一邊, 便不該通. 窮之未得, 更須款曲推明. 蓋天理在人, 終有明處. 大學之道, 在明明德, 謂人合下便有此明德. 雖爲物欲掩蔽, 然這些明底道理未嘗泯絶. 須從明處漸漸推將去, 窮到是處, 吾心亦自有準則. 窮理之初, 如攻堅物, 必尋其罅隙可入之處, 乃從而擊之, 則用力爲不難矣. 孟子論四端, 便各自有箇柄靶, 仁義禮智皆有頭緒可尋. 卽其所發之端, 而求其可見之體, 莫非可窮之理也. 格物窮理, 有一物便有一理. 窮得到後, 遇事觸物皆撞著這道理. 事君便遇忠, 事親便遇孝, 居處便恭, 執事便敬, 與人便忠, 以至參前倚衡, 無往而不見這箇道理. 若窮不至, 則所見不眞, 外面雖爲善, 而內實爲惡, 是兩箇人做事了. 外面爲善是一箇人, 裏面又有一箇人說道. 我不好. 如今須勝得那一箇不好底人去方是. 豈有學聖人之書, 爲市井之行, 這箇窮得箇甚道理. 而今說格物窮理, 須是見得箇道理親切了, 未解便能脫然去其舊習. 其始且見得箇道理如

여기에서 궁리(窮理)는 개인적 차원에서 '앎'과 관련되는 일이고, 정심(正心) 이후의 수기치인(修己治人)은 사회적 차원에서 '함'과 연관된다.[36] 다시 말하면, '궁리'는 '지식이론'의 차원이고, '수기치인'은 '행위실천'의 차원이다. 그것이 『대학』의 3강령과 8조목으로 종합·정돈된다.

〈#텍스트 2〉에서는 학문의 과정 및 내용의 중요성과 더불어, 교육의 보편성과 특수성, 또는 전문성에 대한 단서를 보여준다. 소학과 대학을 구분하는 과정에서 그것은 드러난다. 소학은 계급계층을 구분하지 않고 모든 사람에게 개방되는 교육이다. 즉 일상생활에 긴급하게 요구되는 기본예절과 삶의 기초 기술을 습득하는 '절·문'에 관한 학습이다. 그것은 그 사회의 구성원이라면 누구나 익혀야 할, 현대적 의미에서 일반교육이나 보통교육과 상통한다.

그러나 대학은 특별한 계급계층에게 한정되는 학문내용을 보여준다. 〈#텍스트 2〉에 드러나듯이, "천자(天子)의 맏아들과 여러 아들, 공(公)·경(卿)·대부(大夫) 및 원사(元士)의 적자, 서민 가운데 준수한 자제"만이 고등교육기관인 대학에 들어갈 수 있었다. 이는 당시의 봉건적 계급, 종법(宗法)제도 등 신분사회의 위계적 질서의 영향도 있겠지만, 관료로서의 지도성을 갖춘 인재선발의 의미를 강하게 풍긴다. 천자의 아들인 경우, 천하를 경영할 수 있는 능력이 요청되었다.

此, 那事不是, 亦不敢爲. 其次, 見得分曉, 則不肯爲; 又其次, 見得親切, 則不爲之, 而舊習都忘之矣.
36) 『大學章句大全』: 新安陳氏曰……窮理, 知之事, 正心以下, 行之事.

공·경·대부나 원자의 적자는 가문을 이어갈 수 있는 능력이 요구되었다. 특이한 사항은 일반 백성 가운데 뛰어난 능력을 지녔다면, 계급계층 이동이 가능하도록 어느 정도 개방해 놓았다는 점이다. 이는 모두 전문성과 지도자적 자질을 갖춘 인물의 양성에 초점이 모아져 있다. 그러기에 고등교육기관인 대학은 '궁리·정심·수기·치인(窮理·正心·修己·治人)이라는 '도(道)'의 학문을 상정했다. 그것은 리더십을 함양하는, 현실적으로 군자(君子) 양성을 목적으로 하는, 성인학습(成人學習)의 핵심이론이 된다.

4. 고등학문의 원칙과 방식

〈#텍스트 3〉

교육기관의 설치에서 그 필요에 의한 규모가 이러했고, 가르치는 방법에서도 순서와 조목의 자세함이 이와 같았다. 학문의 내용에서는 임금이 몸소 실천하고 자기 마음에 체득한 것을 근본으로 삼았다. 그리하여 백성들이 일상적으로 쓰는 윤리 도덕 이외에 다른 것을 기대하지 않았다. 때문에 그 당시 사람들은 일상의 윤리 도덕을 배우지 않은 이가 없었다. 배우는 사람들도 자기의 본성과 자신의 직분에 마땅한 일을 알아서, 각자가 능력을 모두 발휘하도록 노력하지 않은 이가 없었다. 이는 옛날 융성한 시대에 위로는 정치가 훌륭했고, 아래로는 풍속이 아름다워, 후세가 미칠 수 없는 부분이다.[37]

---

37) 『大學章句』「序」: 夫以學校之設, 其廣如此, 敎之之術, 其次第節目之詳又如此, 而其所以爲敎, 則又皆本之人君躬行心得之餘. 不待求之民生.日用彝倫之外. 是以當世之人. 無不學 其學焉者, 無不有以知其性分之所固有職分之所當爲, 而各俛焉以盡其力. 此古昔盛時, 所以治隆於上, 俗美於下, 而非後世之所能及也.

〈#텍스트 3〉에서는 학문의 내용과 근본바탕을 구체적으로 제시한다. 그 가운데 핵심이 되는 사안은 학문의 원칙과 방식으로, 최고지도자인 군주가 자신의 본분에 부합하는 학문을 모범적으로 실천하는 작업이다. 동시에 신하와 백성들에게는 각자의 인생에 상응하는 건전한 일상과 윤리적 삶을 요청한다. 최고지도자의 모범적 실천과 본분은 다음과 같이 묘사된다.

> 자기 부모를 사랑하는 사람은 함부로 다른 사람의 부모를 미워하지 않고, 자기 부모를 공경하는 사람은 함부로 다른 사람의 부모를 멸시하지 않는다. 사랑과 공경을 다하여 부모를 모시고, 그런 다음에 덕행과 교화를 백성에게 베풀어, 온 세상에 모범을 보인다. 이것이 바로 천자(天子; 최고지도자)의 본분이다. 그러기에 「보형(甫刑)」에 다음과 같이 기록하고 있다. '한 사람의 훌륭한 행위를 우러러보고 따른다.'[38]

이런 차원과 유사하게 '사람의 가르치고 배우는 도리'를 기록한 『예기(禮記)』「학기(學記)」에는 최고지도자가 지향해야 할 학문의 원리와 양식을 다음과 같이 제시한다.

> 좋은 생각을 내서 법도에 맞게 하고 착한 일을 추구하면, 조그마한 영

---

38) 『孝經』「天子章」: 子曰, 愛親者, 不敢惡於人. 敬親者, 不敢慢於人. 愛敬盡於事親, 而德敎加於百姓, 刑于四海. 蓋天子之孝也. 甫刑云, 一人有慶, 兆民賴之.

예를 얻을 수는 있으나 많은 사람에게 감동을 주기에는 부족하다. 자기 몸을 낮추어 어진 사람에게 나아가고 처지를 바꾸어 멀리 있는 아래 사람의 마음을 헤아린다면, 많은 사람에게 감동을 줄 수는 있으나 백성을 감화시키기에는 부족하다. 군자가 백성을 감화시켜 아름다운 풍속을 이루려 한다면, 반드시 배움으로 말미암아야 할 것이다. 옥은 다듬지 않으면 그릇으로 만들 수 없고, 사람은 배우지 않으면 길을 알지 못한다. 이 때문에 옛날 임금이 나라를 세우고 백성의 군주 노릇할 때, 가르치고 배우는 일을 먼저 했다. …… 좋은 안주가 있더라도 먹어보지 않으면 그 맛을 알지 못한다. 훌륭한 길이 있더라도 배우지 않으면 그 좋은 점을 알지 못한다. 이 때문에 배운 후에야 부족함을 알고, 가르친 후에야 학문의 어려움을 안다. 부족함을 안후에야 스스로 반성하게 되고, 어려움을 안후에야 스스로 공부에 힘쓰게 된다. 그러므로 '가르치고 배우는 일이 서로 돕는다.'라고 하는 것이다.[39]

여기에서 최고지도자인 임금은 정치가는 물론, 교육자인 동시에 학습자의 모습으로 부각된다. 백성은 임금의 지도와 인도를 통해 학습하는 존재로 그려져 있다. 그것은 지자(知者)인 임금과 무지자(無知者)인 백성 사이에 벌어지는 교화(敎化)의 관계로 인식된다.

---

39) 『禮記』「學記」: 發慮憲, 求善良, 足以諛聞, 不足以動衆. 就賢體遠, 足以動衆, 未足以化民. 君子如欲化民成俗, 其必由學乎. 玉不琢, 不成器, 人不學, 不知道. 是故古之王者, 建國君民, 敎學爲先 …… 雖有佳肴, 弗食不知其旨也. 雖有至道, 弗學不知其善也. 是故學然後, 知不足, 敎然後知困, 知不足然後, 能自反也, 知困然後, 能自强也. 故曰敎學相長也.

우선, 지자(知者)인 임금은 덕을 갖추어야 한다. 이른바 리더십은 지도자의 기본의무인 동시에 도리이다. 임금은 개인적으로는 완성된 인간이라는 인격도야의 과정을 거쳐야 하고, 이러한 자기수양을 기반으로 백성을 교화해야 할 임무를 안고 있다. 즉 〈#텍스트 1〉과 〈#텍스트 2〉에서 언급한 것처럼, 사회공동체를 지속하기 위해, 교육방침을 세우고 학교를 세우는 등, 학문의 장려를 통해, 백성들이 윤리의식을 갖추도록 교도(矯導)해야만 한다. 이것이 '학습자'인 동시에 '교육자'로서, 정치지도력을 발휘해야 하는 임금의 책무성이다.

두 번째, 백성은 부족하고, 미숙하며 어리석은 존재, 무지자(無知者)이다. 그러기에 덕을 체득한 임금, 또는 그의 위임을 받은 교육지도자로부터 인간의 삶에 대한 총체적 내용을 깨우쳐야 하는 대상이 된다. 다시 말하면, 그 사회에서 바람직하다고 여겨지는 정신문화나 체제유지를 위한 윤리 도덕적 규범들을 인지하여 체득해야 한다. 이런 점에서 그들은 교화(敎化)의 대상이었으며, 임금은 그들을 보듬고 안아야 했다. 즉 임금은 스스로 배우고, 그 학문을 바탕으로 신하와 백성이라는 타인을 가르치는 사람이다. 백성은 무지하므로 배워야 한다.

이런 교육행위 가운데 학습자인 동시에 교육자로서 임금에게 일어나는 학문적 깨달음이 유명한 '교학상장(敎學相長)'이라는 개념이다. 가르치는 자로서의 제왕(帝王)과 배우는 자로서의 백성은 동등한 학문의 주체가 아니다. 임금은 가르치는 자의 주체적 의식과 권리, 의무를 아울러 지니고 있지만, 백성은 교화의 대상이자 배우는 자로서의 의무가 있을 뿐이다. 이 교화(敎化)의 준비 과정에서 임금은 배움이 끝이 없음을 느껴 늘 부족함을 인식하고, 백성을 교화하면서 스스로 학문이 얼마나 어려운지 반성하게 된다. 그리하여 자기 성찰(省察)과 역행(力行)을 지속해 나간다. 이렇게 볼 때, 교학상장(敎學相長)은 임금의 수양(修養)과 교화(敎化)과정에서의 자기 깨달음이다. 교육은 임금 자신으로서는 왕 노릇 하는 자세의 확립인 수기(修己)와 백성을 교화하는 일인 치인(治人)이었고, 백성에게서는 인간의 기본 도리를 체득한 윤리적 인간을 형성하는 작용이었다.

최고지도자를 제외한 신하와 백성, 일반 민중들의 학문내용은, 임금의 교화에 따라 자신의 본분을 실천하고 윤리적 인간으로서 충실한 백성이 되는 사안을 담고 있다. 그것이 임금의 교화와 맞아 떨어질 때, 학문은 최고의 방법을 지속한다. 신하의 경우, 교만하지 않고 욕망을 절제하고 법도를 성실히 지키며, '늘 조심하고 신중해야 한다. 또한 올바른 법도나 말이 아니면 말하지 않고, 도덕에 맞는 행동이 아니면 행하지 않으며, 충성과 순종을 잃지 않고 윗사람을 모신 후에야 자신의 지위와 녹봉을 보전하고, 부지런히 직무를 수행해야 한다.[40] 민중들의 경우, 자연의 법칙을 잘 따르고, 육지와 바다의 특

---

40) 『孝經』「諸侯章」;「卿大夫章」;「士章」: 在上不驕, 高而不危. 制節謹度, …… 戰戰兢兢.; 非法不言, 非道不行. 非先王之法言不敢道, 非先王之德行不敢行; 以孝事君則忠, 以敬事長則順. 忠順不失, 以事其上,

성을 잘 살려 의식주(衣食住)의 생산을 높이며, 몸가짐을 신중히 하고 재물을 절약하고, 부모를 잘 봉양하는 것이 본분이다.[41] 학문의 방법은 바로 이와 같이 임금에서 서민에 이르기까지 자신의 본분을 실천하는 일에 다름 아니다.

然後能保其祿位.
41) 『小學』「庶人章」: 用天之道, 分地之利, 謹身節用, 以養父母. 此庶人之孝也.

5. 고등학문의 흥망과 표준

⟨#텍스트 4⟩

　주나라가 쇠망하자 성스럽고 어진 임금이 나오지 않았고, 학교가 제대로 운영되지 못하여 교화가 침체되고 풍속이 무너지게 되었다. 이때 공자와 같은 성인이 있었지만, 임금이나 스승의 지위를 얻지 못하여, 정치와 교육을 시행하지 못하였다. 이에 홀로 선왕의 법을 취하여 외워 전함으로써 후세에 알렸다. 「곡례」·「소의」·「내칙」·「제자직」과 같은 여러 편은 소학의 지류이자 말류이다. 이 책은 『소학』이 이룬 공을 바탕으로 『대학』의 밝은 법을 나타냈다. 그런 만큼, 밖으로는 그 규모가 매우 크고 안으로는 그 절목이 아주 자세하였다. 3,000명의 문도가 그 말씀을 듣지 않은 이가 없었지만, 증자의 전함이 오로지 그 정통성을 얻었다. 이에 증자가 전(傳)의 뜻을 짓고 그 뜻을 펼쳤다. 그러나 맹자가 죽은 후 그 전승

이 끊어졌다. 책이 남아 있기는 하지만, 그 뜻을 아는 자가 드물었다.[42]

〈#텍스트 5〉

　이때부터 세속의 유학자들은 사장(詞章; 시가나 문장)을 외우고 읽는 학습을 했는데, 그 공은 『소학』에 비해 2배가 되었으나 아무런 쓸모가 없었다. 노자나 불교의 허무(虛無)와 적멸(寂滅)의 사상은 그 높음이 『대학』에 비해 더하였으나 실제적인 내용이 없었다. 기타 권모술수(權謀術數)로 일체의 공명을 이루려는 언설과 온갖 사상가 부류들이 세상을 어지럽히며 백성을 속여, 인의(仁義)를 가로 막고, 또 그 사이에 어지럽게 섞여 나와서, 불행하게도 지도자[군자]에게 그 대도(大道)의 요체를 듣지 못하게 하여, 백성[소인]에게 훌륭한 다스림의 혜택을 입지 못하게 하였다. 세상이 어둡고 막히어 고질적인 병폐가 반복하여 나타났고, 오대[後梁·後唐·後晉·後漢·後周]의 난세에는 도덕적 파괴와 혼란이 극도에 달하였다.[43]

---

42) 『大學章句』「序」: 及周之衰, 賢聖之君不作, 學校之政不修, 敎化陵夷, 風俗頹敗. 時則有若孔子之聖, 而不得君師之位, 以行其政敎. 於是獨取先王之法, 誦而傳之, 而詔後世. 若曲禮少儀內則弟子職諸篇, 固小學之支流餘裔, 而此篇者則因小學之成功, 以著大學之明法, 外有以極其規模之大, 而內有以盡其節目之詳者也. 三千之徒蓋莫不聞其說, 而曾氏之傳, 獨得其宗. 於是作爲傳義, 以發其意. 及孟子沒, 而其傳泯焉, 卽其書雖存, 而知者鮮矣.

43) 『大學章句』「序」: 自是以來, 俗儒記誦詞章之習, 其功倍於小學而無用, 異端虛無寂滅之敎其高過於大學而無實, 其他權謀術數, 一切以就功名之說, 與夫百家衆技之流, 所以惑世誣民 充塞仁義者, 又紛然雜出乎其間, 使其君子, 不幸而不得聞大道之要, 其小人不幸而不得蒙至治之澤, 晦盲否塞, 反覆沈痼, 以及五季之衰而壞亂極矣.

〈#텍스트 6〉

> 하늘의 운수[자연의 질서]가 순환하여 가서 돌아오지 않는 것이 없다. 송나라의 덕이 융성해지자 정치와 교육이 아름답고도 밝았다. 이에 하남 정씨 두 선생이 나타나서 맹자의 도통을 계승하여 진실로 이 책[대학]을 존숭하고 신뢰하여 드러내었다. 또 책의 차례를 정하고 요지를 밝혔다. 그런 후에 옛날 태학에서 사람을 가르치는 법과 성인의 경문(經文)과 현인의 전문(傳文)의 뜻이 찬란하게 다시 세상에 밝혀지게 되었다. 나 주희는 불민하지만, 다행히도 사숙하여 이에 관하여 들은 바가 있었다. 그러나 돌아보건대, 그 책이 상당히 잘못된 부분이 있는 것 같아 나의 고루함도 잊고 구절들을 찾아내어 모았다. 그 사이에 사사로이 나의 의견을 붙여 빠지고 간략한 부분을 보충하고 후세의 군자를 기다리려고 한다. 아주 분수에 넘치는 짓을 한 죄를 피할 길이 없음을 잘 알고 있다. 하지만, 국가가 백성을 교화하고 좋은 풍속을 이루려는 의도와 배우는 자가 자기 몸을 닦고 사람을 다스리는 방법에서 반드시 다소의 도움이 없지는 않을 것이다.[44]

위에서 나란히 제시한 〈#텍스트 4〉와 〈#텍스트 5〉, 〈#텍스트 6〉

---

44) 『大學章句』「序」: 天運循環, 無往不復. 宋德隆盛, 治教休明. 於是河南程氏兩夫子出, 而有以接乎孟氏之傳, 實始尊信此篇, 而表章之. 既又爲之次其簡編, 發其歸趣, 然後古者大學敎人之法, 聖經賢傳之指, 粲然復明於世. 雖以熹之不敏, 亦幸私淑而與有聞焉. 顧其爲書猶頗放失, 是以忘其固陋, 采而輯之. 間亦竊附己意, 補其闕略, 以俊後之君子, 極知僭踰無所逃罪, 然於國家化民成俗之意, 學者修己治人之方, 則未必無小補云.

은 『대학』을 '장구(章句)'로 나누면서 지은 배경과 이유 및 과정을 개략적으로 서술하고 있다. 즉 유학을 핵심으로 하는 정치와 교육이 쇠퇴하고 혼란을 겪은 상황, 그것을 다시 정돈하고 재구성해야 하는 근거 등을 설명하였다. 이는 유학의 학문적 정통성, 이른바 도통(道統), 또는 16자 심법(心法)으로 상징되는 학문의 전수과정과 직결된다. 주자는 그것을 『소학』 편집에 이어 『대학장구』를 저술하면서, 학문적으로 부흥시키려고 노력하였다.

〈#텍스트 4〉의 경우, 주나라의 쇠퇴 이후 학교가 제 기능을 못하는 상황에서, 초기 유학의 집대성자인 공자의 역할이 언급된다. 말류이긴 하지만, 소학을 통해 삶의 기술을 연마하는 과정은 소홀히 되지 않는다. 생활규범을 익히는 단계이다. 그러기에 대학은 소학의 실천과 성취, 완성을 전제로 성립한다. 즉 『소학』에서 형성된 관점 및 태도를 바탕으로 학문탐구의 범위와 인식수준을 심화시켜가는 것이다.[45] 그 근본 뜻은 공자가 말했고, 증자는 그 뜻을 풀이하여 정통성을 확보한다. 그러나 안타깝게도 맹자 이후, 그 전승은 끊어졌다. 이런 부분을 적극적으로 드러냄으로서, 주자는 '공자-증자-맹자'로 이어지는 유학의 도통을 재점검한다. 동시에 『대학장구』 편집의 당위성과 유학이 추동해나가야 하는 학문적 사명감을 위임 받는다.

〈#텍스트 5〉에서는 유학이 학문의 표준이라는 점을 뚜렷하게 강

---

45) 신동은, 「『小學』의 교육적 원리 연구」, 『교육철학』 31(교육철학회, 2004), 52쪽.

조한다. 사실, 유학의 도통이 맹자에서 단절된 이후, 중국 역사는 1,000여년에 걸쳐 다양한 사상이 유입되어 성행한다. 전국(戰國) 말기부터 한(漢)나라 초기까지의 황노학(黃老學), 한 무제(漢武帝) 이후, 유학의 융성에도 불구하고 경전 연구를 통해 자신의 신분 상승만을 노리던 사장기송(詞章記誦)파, 위진(魏晉)에서 수당(隋唐)에 이르는 도교(道敎)와 불교(佛敎)의 성행은, 유학자들이 보기에, 유학의 본질을 흐리고 인간의 삶을 피폐시키기에 충분했다. 이 시기는 유학의 입장에서 볼 때, 일종의 학문적 암흑기(暗黑期)이다. 주자는 이를 단호히 배격하는 자세를 취한다. 〈#텍스트 5〉를 보면, 사장(詞章)을 외우고 읽는 공부나 노자·불교는 결코 유학의 학문적 이상을 달성할 수 없기에, 그런 학문의 사회적 유통을 심각하게 걱정한다.

   마지막으로 〈#텍스트 6〉은 자연의 운행법칙에 빗대어, 인간이 추구해야 할 학문이 유학으로 귀결할 수밖에 없는 역사의 법칙으로 시작한다. 그것은 정치적으로는 당대 송(宋)나라의 융성인 동시에, 학문적으로는 『대학장구』를 편찬하게 된 직접적 이유로 펼쳐진다. 주돈이·장재·소옹·정호·정이 등, 이른 바 북송오자(北宋五子)로 일컬어지는 새로운 유학자들의 등장은 주자의 사상에 결정적 영향을 미친다. 특히, 정호·정이는 '이정(二程)'선생, 이른바 '정자(程子)'로 일컬어지면서, 주자 사상에 직접적으로 작용하였다. 주자가 『대학장구』를 짓게 되는 결정적 이유도 여기에서 찾아진다.

맹자 이후, 끊어진 도통은 정자(程子)를 통해 부활되었다. 주자는 정자가 정리한 『대학』으로 학문을 수행한다. 그런데 학문의 내용상 무언가 미진하다. 빠진 부분, 또는 소략하게 제시된 부분이 있다는 의문이 들기 시작한 것 같다. 그리하여 과감하게 '「격물보전(格物補傳)」'을 비롯한 여러 부분을, 앞 뒤 맥락과 논리적 연결을 고려하여, 주자 자신의 생각으로 채워 넣었다. 물론, 공자의 '술이부작(述而不作)' 정신에 위배되는 것 같은 자신의 죄에 대해서는 겸손하게 용서를 구하였다. 그리고 마지막으로 『대학장구』를 통해, 정치와 교육을 잘 할 수 있을 것이라는 학문적 자부심을 표출한다. 이는 『대학장구』가 유학의 학문성을 담보하는 기본 경전임을 강조하는 차원이다. 즉 유학의 정치 교과서이자 교육의 기본서임을 구체적으로 천명한 발언이다. 다시 말하면, 주자학의 학문 표준서임을 공언한 것이다.

6. 전통 고등학문의 특징

『대학장구』「서」는 유학의 인간관을 비롯하여 학문의 목적과 기준, 과정과 내용, 방법, 유학의 흥망과 학문적 표준 등, 다양한 면모를 담고 있다. 〈#텍스트 1〉에서 규명한 것처럼, 유학은 '인의예지(仁義禮智)'의 성(性)을 공통적으로 지니고 있다. 그러면서도 기품(氣稟)의 차이를 보이는 존재가 인간임을 설정했다. 그것은 동질성과 이질성을 중층적으로 지니고 있는 인간존재의 규명이다.

유교가 학문적으로 구명하고 지향하는 '인의예지'의 본구성(本具性), 또는 선천성(先天性)은 인간을 선(善)한 존재로 규정한다. 그것은 '선의 이데아(idea)'를 지속적으로 보존하는 작업이다. 그런데 인간에 따라 다른 기품(氣稟)의 차이가 그것을 방해한다. 여기에서 기품의 차이를 조절하라는 요청이 간절해진다. 인간이 원초적으로 부여받은 선한 본성을 회복하라! 고등학문은 인간성에 관한 인식과 선한 상황의 지속이라는 자기조절을 '어른다움'이라는 무게만큼 긴박하게 요구한다.

〈#텍스트 1〉이 보여주는 학문의 기준은 간단했다. 기품(氣稟)으로 인해 더러워지고 흐려진 본성을 착한 모습 그대로 되돌리는 일이다. 그것이 '복기성(復其性)'이나 '진기성(盡其誠)', 또는 '복기초(復其初)' 라는 언표로 정돈된다. 이는 인간학적 측면에서 선(善; good)'을 갈 망하는 순수한 열정이 녹아 있는 사유이다. 인간이라면 당위적으로 요청할 수 있는 윤리적이고 도덕적인 열망의 반영이다.

그러나 그것을 논증하는 문제에서 심각한 결점이 노정된다. 현실 세계에 수없이 발생하고 존재하며 지속되는 인간의 악(惡; evil)은 어떻게 설명되는가? 물론, 맹자의 성선(性善)에 반대하여 순자가 성악 (性惡)을 제시했지만, 『대학장구』「서」는 그것을 적극적으로 반영하지 않았다. 성선의 이데아를 관념적이자 선험적으로 인간에게 부여함으로써, 학문의 기준을 거기에 맞추었고, 학문의 목적 또한 그것을 지향하게 만들었다. 그것은 특징이자 장점인 동시에 한계이다.

서구의 학문에서 그 목적의 변천사를 일별해볼 때, 순수하게 인간학적 차원에서 인간의 본성 회복이나 기품(氣稟)의 조절만을 내세운 사례는 매우 드물다. 『대학장구』「서」의 학문 기준과 목적이, 인간 본성의 회복 차원에서 이해할 때, 페스탈로치(J. H. Pestalozzi)의 '인간 능력의 조화적 발전'이나 볼노우(O. F. Bollnow)의 '개인의 인격적

자아각성'과 유사하게 보일 수는 있다.[46] 그러나 그것은 전인적 차원의 인간성 조화나 인격 각성이기보다 유학 전통에서 강조된 인간을 구원하려는 문화적 장치로 판단된다.

현대 고등학문의 차원에서 〈#텍스트 1〉은 대학인들에게 인간에 대한 가정 및 전제를 재고하도록 도울 수 있다.

> 인간은 자신의 선한 본성을 기질의 차이로 인해 악(惡)으로 추락할 수 있는 가능성을 야기했다!
> 악으로 추락할 가능성에 처한 본성은 현실적 상황의 한계와 자신의 자질문제와 연관된다!
> 그렇더라도 인간은 스스로의 노력에 의해 본질적으로 선한 본성을 회복할 수 있다!

느낌표(!)를 붙인 위의 세 문장은, 고등교육에 종사하는 인간의 자기진단과 자기신뢰, 자신감과 의지를 동반할 때, 학문적으로 낙관할 수 있는 내용이다. 이런 점에서, 『대학장구』「서」의 학문 기준은 대단히 긍정적이다. 그러나 근원적으로 인간의 본성이 선함을 부정하거나 복기성(復其性)의 가능성을 배제하고, 기질(氣質)의 차이만을 부각하거나 악(惡)으로 전환할 가능성만을 우선하게 된다면, 그것은 원

---

46) 김정환, 『페스탈로찌의 교육철학』(고려대출판부, 1995)와 볼노우(이규호 역), 『실존철학과 교육학』(배영사, 1967) 참조.

초적으로 잘못 설정된 학문의 이념으로 전락하고 만다.

〈#텍스트 2〉는 '소학'과 '대학'이라는 '작은 학문'과 '큰 학문'의 두 축으로 하는, 유학의 학문과정과 내용을 담고 있다. 그것은 학문의 과정과 내용의 구체적인 제시, 합리적 설득력을 지니고 있다는 점에서 현대 고등학문에 중요한 시사점을 준다. 학문과정의 역사에서 볼 때, 그것을 마주하는 당대 사회와 학문의 내용, 그것을 학습하는 사람은 학문의 성패를 결정하는 세 가지 축으로 작용해 왔다. 그러나 세 축은 시대나 사회에 따라 그 영향력을 달리했다. 그런데 『대학장구』「서」의 학문과정은 내용의 측면에서 포괄적이고, 정확하며, 논리적이다. 동시에 학문을 수행하는 사람의 발달과 능력 차원에서 상당한 고려를 하고 있다. 또한 사회적으로도 유용성을 가지고, 그 내용을 유지하고 적응하며 발전시켜 나가려는 개선의 차원을 일상에서 고민한다.

『대학장구』「서」는 시대와 사회의 요구에 따라, 교육기관을 설치하고, 학문의 과정, 단계를 구체적으로 제시하였다. 소학에서 대학으로 연결되는 학제는 8세에서 14세까지 이루어지는 아동·청소년교육과 15세 이후에 연찬되어 나가는 성인교육으로 분명하게 구분된다. 현대적 의미에서 '초·중등교육-고등교육'의 단계와 동일하게 학제·학령을 구분할 수는 없다. 그러나 그 내용을 구체적으로 보면, 매우 유사한 측면을 추론할 수 있다. 교육과정에서 각급 학교와 학년 목표가 정해지듯이, 〈#텍스트 2〉의 내용은 자세하게 그것을 분류하였다. '쇄소응대진퇴지절(灑掃應對進退之節)'에서 '예악사어서수지문(禮樂射御書數之文)', 그리고 '궁리정심수기치인지도(窮理正心修己治人之道)'에 이르는 일련의 과정은 현대적 의미의 교육목표인 '초·중등교육-고등교육'의 수준에 비견할 수 있다.

학문내용의 측면을 고민해도 상당한 유사성과 논리성을 발견할 수 있다. '쇄소응대진퇴지절(灑掃應對進退之節)'은 일상생활 예절을 중핵으로 제시한 초등 수준의 기초교육이다. 그리고 '예악사어서수지문(禮樂射御書數之文)'은 초등수준의 '절(節)'교육에 비해 보다 향상된, 약간의 응용과 삶의 기술이 반영된 형태로 중등수준의 보통교육으로 인식된다. 마지막으로 어른들의 학문인 '궁리정심수기치인지도(窮理正心修己治人之道)'는 그야말로 고등수준의 전문성을 갖추어야 하는 학문의 양식이다. 전문교육이다. 이는 피아제(J. Piaget)나 브루너(J. S. Bruner)의 생각처럼, 초등수준의 교육은 내용이나 범위 측면에서 '부분적'이고 '구체적'이며, 체험의 확장성 측면에서 '행동(action)중심'이어야 한다는 데 적절하게 부합한다. 중등수준은 '부분과 부분의 연결'을 통해 '사고(thinking)중심'으로 이루어져야 한다. 나아가 고등수준의 전문성을 띤 학문은 '통합적'이고 '구조적'이며 '언어(words)중심'으로 체험을 확장한다. 『대학장구』「서」는 이런 이론적 차원에 상당히 접근해 있는 학문의 양식을 예고하는 동시에 확정한다.

〈#텍스트 3〉에서 제시한 학문의 내용과 바탕은 구체적인 내용보다는 원칙과 원리를 보여준다. 그것은 교육철학적 차원에서 심사숙고 할 수 있다. 특히, 최고지도자의 솔선수범을 통한 본분의 이행이 전통 고등학문의 동양적 양상을 보여준다. 수많은 성공한 학습자들과 마찬가지로, 고등학문을 직접 인도하는 지도자는 '자기학습(self-learning)'을 기본으로 하는 학문연찬과 교수의 한 모형을 유도한다.

이 지점에서 주요하게 이해해야 할 대목이 있다. 학문의 바탕에 관한 문제이다. 그것은 임금이 몸소 실천하여 터득한 영역이라는 점이다. 학문의 내용이나 방법을 기술상의 문제로만 고민한 것이 결코 아니다. 체험의 결과, 자신의 의무와 직분의 실천을 근원에 두고 있다. 다시 말하면, 임금은 최고의 정치지도자이자 교육지도자(best educational leader, 또는 best teacher)로서 백성을 교화한다. 동시에 몸소 실천하고 체득한 학문을 진리의 표준으로 여기고, 신분에 맞는 윤리 도덕을 고민하였다. 이에 백성들은 자신의 계급과 신분에 따라 본분을 깨닫고, 자기능력의 발휘에 최선을 다하게 되었다.

현대적 의미에서 임금은 최고 수준의 교사, 백성은 일반적인 학생에 비유할 수 있다. 이 때, 교사의 직접체험과 교육내용의 터득을 하나의 모범이나 모델로 상정한다면, 학생들이 지향하는 학습은 그만큼 쉽게 성취될 수 있다. 더구나 교사의 직접체험과 터득을 학생의 학습과정에 적용한다면, 훨씬 강도 높은 학습효과를 얻을 수도 있다.

그런데 학문의 내용이나 바탕, 교육의 근본문제는 구체적일 필요가 있다. 〈#텍스트 3〉에 제시한 학문의 근본바탕을 방법적 원리로 환원하면, 매우 관념적이고 추상적이다. 임금의 몸소 실천과 체험은 어떤 양식인가? 사람을 일일이 만나면서 겪은 것인가? 본인의 직접적 실험에 의한 결론인가? 현대적 의미의 과학적 테크닉이 결여되어 있다. 그것은 현대사회와 비견할 수 없는 시대적 한계이다. 물론, 유학의 여러 경전이나, 『대학』의 내용 가운데 보다 구체성을 띤 학문의 근원이나 방법이 제시될 수는 있다. 하지만 현대처럼 첨단과학기술문명이 융성하지 않았던 그 시대의 정신은, 아무리 고등학문일지라도 학문의 원리 자체에 충실한 교화와 교조적 특징을 지닐 수밖에 없다.

마지막 부분인 〈#텍스트 4,5,6〉에서 주자는 『대학장구』를 지은 배경과 이유, 과정을 구체적으로 표출하였다. 그것은 학문이 유학이라는 정학(正學)을 통해 정립되어야 한다는 학문의 표준에 관한 선언이다. 특히, 사장(詞章)중심의 학문에 대해 비판하고, 불교와 도교를 사학(邪學)으로 규정하면서, 표준에서 일탈한 학문에 대해 경고의 메시지를 날렸다. 이제 유학은 주자의 『대학장구』를 통해 학문의 맥인 도통(道統)을 되찾았다. 당당하게 실학(實學)으로서의 자부심과 사명감을 펼칠 수 있는 장을 마련한 것이다.

그것은 현대적 의미에서 볼 때, 학문의 표준을 확립한 거대한 사건이다. 인간의 실제 삶을 채울 수 있는 유일한 대안, 실학으로서의 학문 제시이다. '일용(日用)'을 삶의 기저이자 태도로 설정하고 실천한다는 점에서 유학의 학문태도는 매우 소중한 고등교육의 실마리를 제공한다. 문제는 현대적 관점에서 사장(詞章)이나 노불(老佛)에 해당하는 학문들이 의미가 없는가? 이런 점에서는 심각한 회의(懷疑)가 있다. 당시에도 유학이라는 학문의 절대 표준에 대해 의문을 제기하는 경우가 있었다.

서인보: 석씨의 학문[불교]이 『대학』[유학]을 훨씬 능가하는 사유의 측면이 있는데, 어째서 쓸모가 없다고 말하는 것입니까?

주자: 우리 유학자들은 독서를 하면 하나씩 사물에 나아가 도리를 이해한다. 그런데 불교는 이런 사안을 모두 없애고, 이렇게 공적(空寂)이라는 표현을 통해 일을 모두 끝냈다고 말한다. 이러하니 쓸모가 없을 뿐이다. 덕·행·도·예(德·行·道·藝)에서 볼 때, 예는 아주 지엽적인 일이지만, 모두 쓸모가 있다. 불교에서 그들이 조그마한 생각이나 일을 개입시키면, 유학의 입장에서는 어떻게 할 수가 없다. 공자가 말한 것처럼, 옛날 사람들은 '도에 뜻을 두고, 덕에 의거하였으며, 예에 노닐었다.' 예악사어서수는 아주 사소한 일일 수 있다. 목적을 분명하게 할 경우, 계산할 일이 있을 때 산법은 아주 쓸모가 있다. 시류에만 편승하는 글에 대해 정비한다

면, 그것이 무슨 쓸모가 있을까! 수많은 선비의 곧은 정신을 무너뜨리기만 할 뿐이다.[47]

그렇다. 문제는 '학문이 어떤 목적을 지니고 있느냐?'의 기준이다. 동시에 상황을 이해하는 학문의 계기이다. 현재의 학문은 그 '시대정신'만큼이나 다양한 관점을 이해하고 배려하는 차원이 필요하다. 올바른 학문이라는 정학(正學)! 유학이 제시하는 학문의 기준을 넘어, 사장(詞章)이나 노불(老佛)은 유학과는 다른 차원의 새로운 세계관을 제시할 수 있다. 그런 점에서 『대학장구』「서」는 유학의 세계, 그 학문의 질서에 갇힐 때, 그들만의 고등학문 시스템이라는 한계를 노정할 수밖에 없다.

---

47) 『朱子語類』卷14: 仁甫問, 釋氏之學, 何以說爲高過於大學而無用. 曰, 吾儒更著讀書, 逐一就事物上理會道理. 他便都掃了這个, 他便恁地空空寂寂, 恁地便道事都了. 只是無用. 德行道藝, 藝是一介至末事, 然亦皆有用. 釋氏若將些子事付之, 便都沒奈何. 又曰, 古人志道, 據德, 而游於藝. 禮樂射御書數, 數尤爲最末事. 若而今行經界, 則算法亦甚有用. 若時文整篇整卷, 要作何用耶. 徒然壞了許多士子精神.

제3장

고등학문의 기본원리; 3강령

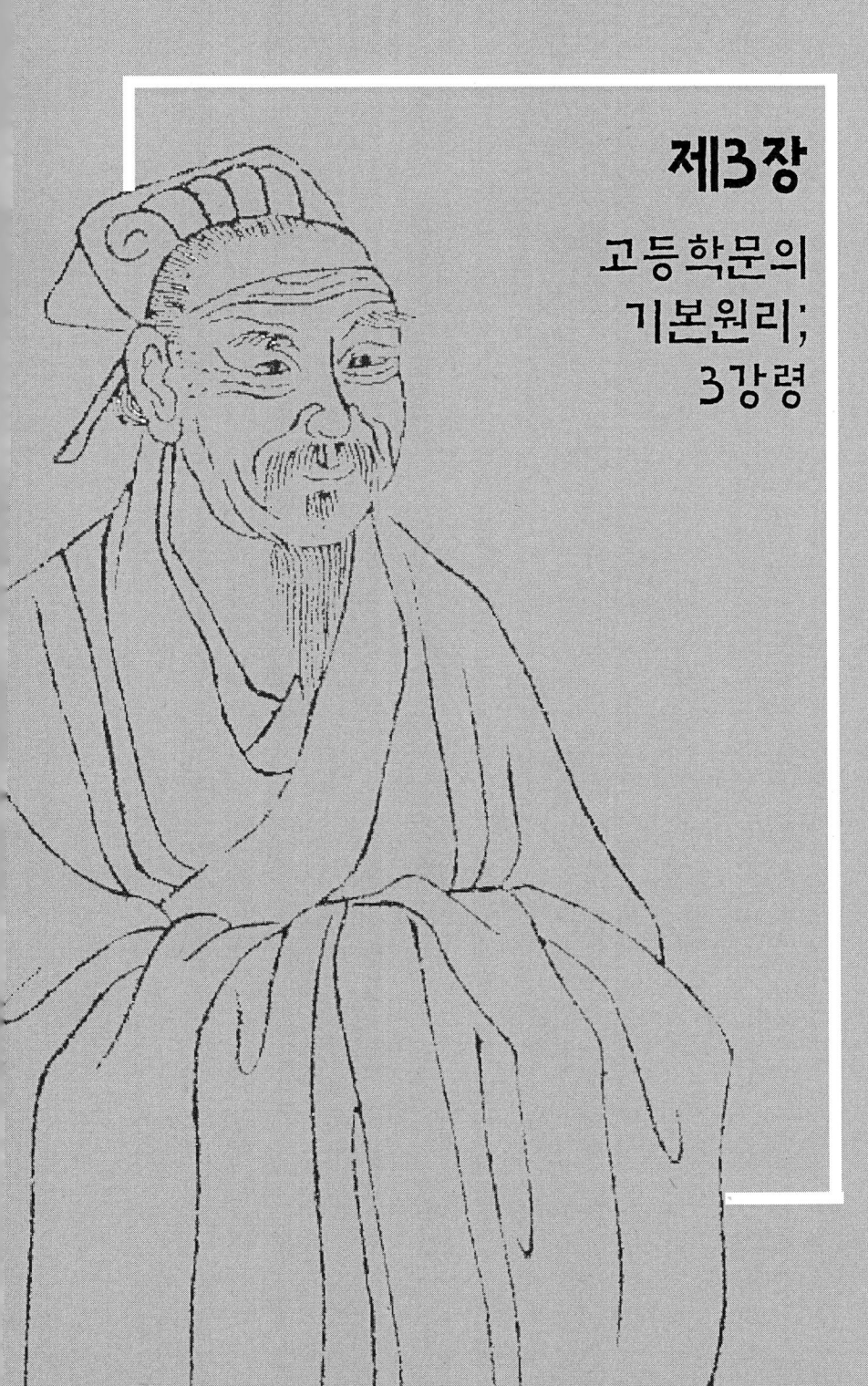

1. 제1원리 '명명덕(明明德)'; 자기성찰과 개혁의 명증성

『대학』이 제시하는 학문의 첫 번째 원리는 '명명덕(明明德)'이다. 이는 '명덕(明德)을 밝힌다.'는 말이다. 여기에서 '명덕을 밝힌다.'라고 했을 때, '밝힌다.'는 의미의 '명(明)'은 '분발하고 진작하는 일'일 뿐이다.[1] 그렇다면 '명덕(明德)'이 무엇인지 구체적으로 구명해야 의미가 분명해진다. 명덕은 글자 그대로 본다면, '밝은 덕'이다. 이미 '밝은 덕'인데, 이 '밝은 덕'을 '왜 또 밝힌다.'라고 하는가?

『설문해자』에 의하면, 명(明)은 '비추다'이고, 덕(德)은 '올라가다'라는 뜻이다.[2] 명(明)의 옛 글자를 보면, '囧+月'로 되어 있다. 왼쪽 부분에 자리한 '경(囧)'이 '일(日)'로 변형되어 '명(明: 日+月)'이 되었다. 왼쪽 부분의 경(囧)은 창문을 그린 상형자로, '창문에 달빛이 비추어 밝

---

1) 『朱子語類』卷14: 明明德, 明只是提撕也.
2) 『說文解字』: 明, 照也. 德, 升也.

다'는 말이다. 때로는 '달이 지기 전에 해가 이미 떠 오른 상태를 나타 낸' 회의자로 이 또한 '밝다'를 뜻한다. 덕(德)의 옛날 글자는 '덕(悳)' 이다. 덕(德)과 '덕(悳)', 이 두 글자는 '눈[目]'의 모양을 '눕혀 놓았는 가[德], 세워 놓았는가[悳]'의 차이를 보인다. 덕(悳)의 경우, '직(直)'과 '심(心)'이 결합된 글자이다. 즉 '직심(直心)'으로 '곧은 마음', 또는 '바 른 마음'이라는 의미이다. 이는 바른 마음을 가지고 도덕을 실천하는 윤리적 측면을 담보하고 있다. 때문에 명덕은 '사람의 본성에서 우러 나온 자연스러운 사태'로 '진정(眞情)의 흐름'을 말한다.[3]

'명덕'에 대해서는 학자들 사이에 견해가 다양하다. 십삼경주소 (十三經註疏)의 『예기정의(禮記正義)』에 의하면, 정현(鄭玄)은 '지극한 덕'이라고 하여 '최상의 덕', '최고선'과 같은 의미로 해석하였다. 공영 달(孔穎達)은 '자기의 빛나고 밝은 덕'이라고 풀이하였다.[4] 보다 구체 적이고 체계적인 해석은 주자에 의해 이루어졌다. 그는 명덕(明德)을 다음과 같이 주석하였다.

> 명덕은 사람이 하늘에서 얻은 것으로, 허령불매(虛靈不昧)하여, 온갖 이치를 갖추고 모든 사물에 응한다. 다만 기품(氣稟)에 따라 구애받고 사 람의 욕심에 가려지면, 때로 어두운 적이 있으나 그 밝은 본체를 밝히는

---

[3] 이상은, 「『大學』과 『中庸』의 現代的 意義」 『大學中庸』(현암사, 1965), 328쪽.
[4] 『禮記正義』: 至德也.; 己之光明之德.

작업을 그친 적이 없다.[5]

'명덕(明德)'에 대한 주자의 풀이는, 먼저 세 가지 차원에서 정의된다. 첫째는 명덕의 존재 근거이다. 둘째는 명덕의 존재 양상이다. 셋째는 명덕의 지향성이다. 이러한 명덕은 두 가지 양태로 활동한다. 하나는 불선(不善)에로의 추락이고, 다른 하나는 최고선(最高善)을 소망한다. 사람은 이 두 경계지점에서 심각한 일상을 경험하며 활동한다. 다시 말하면, 두 가지 양태는 '어두움에로의 전락'이나 '밝음의 회복'과 관련된 문제이다. 그것은 덕의 현실적 상황으로 말미암아 나타나는 필연적 현상이다. 대부분의 경우, 명덕은 본래의 모습 그대로 또렷하게 빛나는 존재로 지속되지 않는다. 은폐되고 속박된 상태로 존재한다. 그러므로 유학은 명덕 본래의 모습을 회복하는데, 학문적 심혈을 기울인다. 그것이 앞에서 언급했던 복기성(復其性)·복기초(復其初)를 향한 진기성(盡其誠)이다.

먼저, 세 가지 차원에서 명덕을 정의해 보자. 주자의 설명에 따르면, 첫째, '사람이 하늘에서 얻은 것'은 명덕의 존재 근거이다. 둘째, '허령불매(虛靈不昧)하다'는 표현은 명덕의 양상이다. 셋째, '온갖 이치를 갖추고 모든 사물에 응하는 것'은 명덕의 지향성이다.

첫째, 명덕의 존재 근거, 즉 '사람이 하늘에서 얻은 것'이란 무엇을

---

[5] 『大學章句』「經一章」註: 明德者, 人之所得乎天而虛靈不昧, 以具衆理而應萬事者也. 但爲氣稟所拘, 人欲所蔽, 則有時而昏, 然其本體之明, 則有未嘗息者.

말하는가? 하늘과 사람의 관계는 중국사상사에서 아주 복잡하게 논의된다. 하지만, 주자학 계열에서는 하늘과 사람의 관계를 설명할 때, 하늘은 천리(天理), 또는 리(理)로 정의된다. 하늘이나 천리(天理), 리(理), 태극(太極) 등은 동일한 철학적 범주의 다른 표현이다. 이들은 최고인 동시에 영원한 우주의 본체로서 학문적 개념을 부여받는다. 그것은 기(氣)를 발생하고 기와 연합하여 만물을 소생한다. 그리고 사람에게서는 근본적인 윤리의 기준이나 원칙이 되기도 한다.[6]

이는 두 가지 측면의 의미를 지닌다. 하나는 사람의 본성을 가리키는 것으로 하늘의 명령에 의해 부여된 본성(本性), 이른바 '천명지성(天命之性)'이다. 천명지성은 우주의 본체인 하늘, 또는 천리(天理)에서 직접 기원하는 사안이다. 이때 하늘과 사람은 동일한 맥락에서 이해된다. 다른 하나는 인간의 물질에 대한 욕망(欲望)을 가리킨다. 그것을 흔히 '인욕(人欲)'이라 한다. 천리와 인욕의 관계는 앞에서 설명한 천리와 본성의 관계에 대비해볼 때, 상반된다. 서로 같지 않을 뿐만 아니라 대립적이다. 천리를 보존하려면 반드시 인욕을 깨끗이 제거해야 한다. 이는 이후에 논의할 '명덕의 활동성'과 연관된다.

하늘과 사람이 동일한 맥락에서 논의된다면, '사람이 하늘에서 얻은' 명덕은 사람이 타고나면서 지니고 있는 본래적인 것이다. 이는 흔히 마음과 몸을 통괄하는 의미인 심신(心身)이라는 말로 구체화하

---

6) 馮 寓(김갑수 역), 『천인관계론』(신지서원, 1992) 참조.

지만, 몸이나 마음, 본성 등과 같은 단일개념으로 단언하기도 어렵다. 때문에 주자는 다음과 같이 정의한다.

> 하늘이 사람과 물건에게 부여하는 것을 명(命)이라 한다. 사람과 물건이 받은 것을 성(性)이라 한다. 한 몸의 주인이 된 것을 심(心)이라 한다. 하늘에서 얻어 빛나고 밝으며 바르고 큰 것을 명덕(明德)이라 한다.[7]

이렇게 본다면, '밝은 덕성[明德]'은 내면에 간직된 사람의 광명정대(光明正大)한 그 무엇이다. 그것은 하늘로부터 부여받은, 즉 태어나면서부터 갖춘 본래적·본구적인 성이다. 칸트(I. Kant)의 철학으로 이해한다면 '이성(理性)에 견줄 수도 있다.[8] 사람이 자기의 본성으로 지니고 있는, 이 생(生)의 덕(德)은 본래부터 순수하고 깨끗하다. 그러기에 명덕(明德)이라 하였다.

둘째, 명덕의 양상인 '허령불매(虛靈不昧)'는 어떤 의미를 담고 있는가? 허령불매! 다시 말하면, 텅 비고 신령하고 어둡지[어리석지] 않은 것은 바로 마음이다.[9] '텅 비어 있다!'는 말은 일정한 내용이나 고정된 틀로 채워지지 않은 상황이다. 왕부지(王夫之)는 이를 "본래 사사로운 욕심이 없다는 말이지, 허공과 같은 것으로 말해서는 안 된

---

7) 『大學集註大全』; 『朱子語類』 卷14: 天之賦於人物者謂之命, 人與物受之者謂之性, 主於一身者謂之心, 有得於天而光明正大者謂之明德.
8) 김병호(김진규 구성), 『亞山의 大學講義』(소강, 1996), 46쪽.
9) 『大學集註大全』: 虛靈不昧便是心.

다."[10]라고 보았다. '텅 비어 있다'라는 표현은 흔히 마음의 속성을 설명할 때 쓰인다. '신령하다'는 말도 어떤 활동이 불가사의(不可思議)하거나 미스터리한 상황에서 사용하는 언표이다. 그것은 어떤 장애도 방해받지 않고 자유자재로 활동하는 역동성을 의미한다. 이 또한 마음의 활동을 표현하는 말로 애용된다.

요컨대, 허령(虛靈)은 마음의 본체이다.[11] '어둡지[어리석지] 않다'는 말은 '밝다[明]'라는 뉘앙스를 역설적으로 강조한 표현이다. 마음은 오행(五行)으로 보면 화(火)에 속하는데, 불은 훨훨 타면서 솟아오르고 환하게 빛나며 어둡지 않은 특성을 지녔다.[12] 이런 모습을 본받기 때문에, 사람은 본성적으로 밝고 어리석지 않다. 그것은 심(心)이 성(性)과 정(情)을 통솔하기 때문인데,[13] '인의예지신(仁義禮智信)'의 성(性)과 그 발현인 '측은(惻隱)·수오(羞惡)·사양(辭讓)·시비(是非)'의 정(情)이 밝은 지혜의 윤리가 되는 이유이기도 하다. 이렇게 볼 때, 명덕은 '본래의 마음'으로 규정할 수 있다.[14] 그러므로 마음은 무엇에 구속되어 있지 않고, 영묘한 능력을 지니고 있으며, 어둡지[어리석

---

10) 왕부지(왕부지사상연구회 옮김), 『왕부지 大學을 논하다』(소나무, 2005), 50쪽: 虛者, 本未有私欲之謂也. 不可云如虛空.

11) 『大學集註大全』: 虛靈, 自是心之本體.

12) 백연욱 외 역해, 『大學·中庸』(홍신문화사, 1975), 87쪽.

13) 『栗谷全書』『論心性情』 참조. 율곡의 경우, '심통성정(心統性情)'이라는 견해에 충실하여 마음의 문제를 제시한다. 심성정(心性情)의 관계뿐만 아니라 의(意)까지도 포괄적으로 논의하였는데, '성(性)은 심(心)의 이치[理]이고 정(情)은 움직임[動]이니 정이 움직인 후에 정으로 인하여 헤아리고 견줄 수 있는 것이 의(意)가 된다"라고 했다. 이때 문제의 핵심은 심성정의(心性情意)가 서로 분리되어 작용하는 것이 아니라, "하나의 길이면서 나름대로의 경계가 있다.'는 점이다.

14) 『大學集註大全』: 明德, 只是本心.

지] 않은, 사람이라는 존재의 순수바탕이다.

셋째, 명덕이 지향하는 '온갖 이치를 갖추고 모든 사물에 응한다.' 라는 말은 무엇인가? '온갖 이치를 갖추고 있다'는 말은 모든 사물이 제각기 특수한 이치를 지니고, 그것이 다른 사물과 반응한다는 의미이다. 개개의 사물이 지니고 있는 본성[性]이 바로 그 사물의 특수한 이치[理]가 되기 때문에, 주자는 '성즉리(性卽理)'라는 표현을 쓴다. 이 '성(性)=리(理)'라는 인식이 성리학 테제의 핵심이다. 따라서 사물이 지닌 본성[性]은 그것이 통째로 하나의 리(理)이다. 마음은 성(性)을 통괄하고 있으므로 모든 이치[理]를 갖추고 있다. 그러기에 모든 사물이나 상황에 대해 반응하고 행동할 수 있는 근원이 된다. 요컨대, 사람의 내면세계인 마음과 외부세계인 사물은 동일한 이치에 의해 관통되고 있다.[15]

다음으로, 두 가지 양태로 나눠지는 명덕의 활동성을 살펴보자. 그것은 '최고선(最高善)을 지향하느냐? 불선(不善)으로 떨어지느냐?'의 문제이다. 즉 '선이냐? 악이냐?', 또는 '밝음이냐? 어두움이냐?'의 갈림길에서 긴장한다.

하나의 양태로서 '어두움으로 전락'하는 문제는 기품(氣稟)에 구애받고, 사람의 끊임없는 욕심인 욕망에 가려질 때 발생한다. 사람은 태어난 후에 생리적이고 체질적인 요소인 기품이나 살아가는 동안

---

15) 백연욱 외 역해, 『大學·中庸』(홍신문화사, 1975), 88쪽.

의 습속, 물욕 등 후천적 영향을 받는다. 때문에 밝고 곧은 마음인 명덕이 흐려지고 만다. 명덕이 흐려진다는 것은 악(惡)이 발생할 수 있는 계기가 된다. 때문에 흐려진 명덕을 다시 밝게 하여 본래의 모습을 드러내야 한다. 이것이 밝은 덕을 다시 밝히는 명명덕의 의미이다.[16] 타락하기 직전의 경계선에서 희미하게나마 빛나고 있는 명덕의 실마리를 잡아 당겨, 본래의 밝고 빛나는 불씨를 살려나가는 상황과도 같다. 이는 맹자에서 사단(四端)으로 표현된다. 사람의 마음이 온전하게 굳은 상태의 착함인 성선(性善)의 존재가 아니라, 하나의 착할 가능성으로서의 유연한 씨앗이나 초목의 싹과 같은 실마리인 선단(善端)의 존재를 제시한다.[17]

이미 잘 알려져 있듯이, 사단설(四端說)은 측은지심(惻隱之心)이 인(仁)의 단서[端]이고, 수오지심(羞惡之心)이 의(義)의 단서이며, 사양지심(辭讓之心)이 예(禮)의 단서이고, 시비지심(是非之心)이 지(智)의 단서라는 말이다.[18] '인의예지'라는 성은 하나의 블랙박스 내부에 들어 있는 물건과 같이 눈으로 직접 볼 수는 없다. 하지만 그 끝머리가 박스에서 외부를 향해 삐죽이 나와 있기 때문에, 그것을 실마리로 잡아당겨 나가면 형이상적이고 초감각적인 본성의 존재도 명확하게 인식할 수 있다는 논리이다. 요컨대, 이것도 최초에는 빛나는 상태였

---

16) 이상은, 「『大學』과 『中庸』의 現代的 意義」 『大學中庸』(현암사, 1965), 329쪽.
17) 楊澤婆, 『孟子性善論硏究』(北京: 社會科學出版社, 1995), 32쪽.
18) 『孟子』「公孫丑」上: 惻隱之心, 仁之端也, 羞惡之心, 義之端也, 辭讓之心, 禮之端也, 是非之心, 智之端也.

는데 나중에는 그 빛남을 상실하였다. 최후에는 사람들의 자기노력에 의해 그 타락을 극복하고 다시 빛나는 모습인 최초로 복귀할 수 있다.[19]

다시 강조하면, 맹자는 '인간의 성품은 선한 씨앗, 싹을 지니고 있다!'고 명백히 밝혔다. 그 싹이 바로 선단(善端)으로 언급했던 사단(四端; 惻隱, 羞惡, 辭讓, 是非之心)이다. 맹자에게서 학문은 바로 이 사단의 확충이 핵심이다. 여기에서 말하는 사단으로서 선한 씨앗, 싹과 같은 착한 마음이 바로 명덕이다. 이 밝은 덕성은 사람이라면 누구나 지니고 있다. 인간의 욕망에 의해 가리어져 있을 뿐이다. 유학의 학문목표는 욕망에 의해 가리어진 깨끗한 본래의 마음, 명덕을 회복하는 작업이다. 그래서 『대학』은 고등학문의 일차적 목표로 '선한 마음을 똑바로 인식하고 수양해 나가라!'는 선언으로 시작했다.

결론적으로, '명덕(明德)'은 '밝은 마음, 곧은 마음, 순수하고 자연스런 마음'으로 귀결된다. 따라서 '명명덕(明明德)'은 창문으로 달빛이 비추어 밝아지고 드러나듯이, 그런 마음을 밝혀 드러냄이다. 이처럼 대학은 고등학문의 첫 번째 원리를 '마음의 밝힘'으로부터 시작하라고 권고한다. '마음의 밝힘'인 "명덕을 밝힌다!" 그 작업은 다름 아닌 자신을 위한 공부이다. 어떤 일인들 자신의 것이 아니겠는가? 특히, 명덕은 자신에게 달려 있다! 외면으로부터 불러들이는 일이 아니다![20]

---

19) 백연욱 외 역해, 『大學·中庸』(홍신문화사, 1975), 90쪽.
20) 『朱子語類』卷14: 明明德, 乃是爲己工夫. 那□事不是分內事. 明德在人, 非是從外面請入來底.

그런데 마음의 밝힘은 어떻게 가능한가? 인간은 두 가지의 큰 정신능력을 지니고 있다. 하나는 '인식능력(認識能力)'이고, 다른 하나는 '직관능력(直觀能力)'이다. 밝은 마음인 명덕은 직관능력에 해당한다. 이 직관능력이 밖으로 작용하여 외부의 사물 속으로 뚫고 들어가 물자체(物自體)에 도달하게 된다.[21] 마음은 직관능력의 다른 이름이다. 그러기에 세상의 온갖 이치를 갖추고 모든 일에 대응한다. 사람은 이와 같은 '생(生)의 진리'를 본성 가운데 지니고 있다. 이 진리는 사람의 인습적·타성적 생활 가운데, 무자각 속에서 그 빛을 잃어버리기 쉽다. 그런 만큼 고등학문의 제1원리가 "명명덕에 있다!"라는 선언은 다음과 같은 의미를 담보한다.

> 재명명덕(在明明德)은 자연스럽게 세상의 사물이 찬란하게 빛나며 항상 눈앞에 있음을 인식하면서 깨닫기 시작한다. 지금 당장은 모두 깨닫지 못했지만, 용맹스럽게 정신을 집중하고, 깊은 마음을 내어 그것을 볼 때, 비로소 깨닫게 되리라! 사람이 큰물에 빠졌는데 물이 너무 커서 강 주변이 끝이 없는 것과 같다. 이 경우, 몸을 용맹하게 분발하여 일으켜 빠져나오려고 해야 만이 벗어날 수 있다![22]

---

21) 김경탁, 「유교와 교육철학」, 한국교육학회 편, 『교육의 철학적 이해』(교육과학사, 1981), 184-185쪽.
22) 『朱子語類』卷14: 在明明德, 須是自家見得這物事光明燦爛, 常在目前, 始得. 如今都不曾見得, 須是勇猛著起精神, 拔出心肝與它看, 始得. 正如人跌落大水, 浩無津涯, 須是勇猛奮起這身, 要得出來, 始得.

이처럼 명명덕은 그것을 자각하여 그 빛을 드러내는 작업이다. 이는 개인의 자아실현에서 사회적 자아실현으로 나아간다.[23]

문제는 이러한 명덕이 펼쳐져 밝게 되는 과정에 두 가지 유의할 점이 있다는 것이다. 하나는 명명덕의 '주체'문제이다. 명명덕은 모두 '스스로 밝히는 일'이지, 외부의 힘에 의해 표출되는 사안이 아니다.[24] 완전한 자기의 능동적 행위에 의한 자발적 공부이다. 자기를 위한, 자신을 향한, 학문적 몸부림이다. 유학이 강조하는 수기(修己), 자기수양, 또는 자기학습이 다름 아닌 이것이다. 수신(修身)은 내가 스스로 자율적으로 하는 고도의 수련과정이다. 다른 하나는 타고나면서 하늘이 부여해준 그 명덕을 돌아보는 작업이다. '돌아본다.'는 것은 '나의 관심과 눈을 항상 그 마음에 두라!'는 말이다.[25] 이는 모든 언행을 반성·성찰하며 언제나 꾸준히 노력하는 자세, 힘쓰는 생활태도를 말한다. 밝은 마음을 보존하고 가꾸어가려는 '꾸준함,' '지속성'이야말로 인간행위의 근원인 마음의 수호천사이자 생명의 담지자이다. 그렇기 때문에 명명덕(明明德)은 두 가지 방면의 공부를 요청한다. 그것이 전통 고등학문의 핵심이다.

---

23) 이상은, 『『大學』과 『中庸』의 現代的 意義』 『大學中庸』(현암사, 1965), 329쪽.; 이 자각과 자아실현의 과정이 명명덕으로 시작하는 3강령(三綱領)을 이어 8조목(八條目)으로 실천된다. 특히, 자각과 자아의 개인적 차원은 8조목 가운데 '격물(格物)·치지(致知)·성의(誠意)·정심(正心)'의 실천을 쌓는 일과 관계된다. 이는 진리를 찾아 일상에서 실천하는 작업이며, 지(知)와 행(行), 지식(知識)과 도덕(道德)의 유기체적 통일을 희구한다.
24) 『大學章句』『傳1章』: 皆自明也.
25) 『大學章句』『傳1章』註: 天之明命, 卽天之所以與我而我之所以爲德者也. 常目在之, 則無時不明矣.

첫 번째는 '스스로 자기의 덕을 밝히는 일'이고, 두 번째는 '세상 모든 사람의 덕을 밝히는 작업'이다. 첫 번째 것은 수기(修己)의 문제로 개인의 수양공부이며, 두 번째 것은 타자에게 각각 자기 자신의 본성을 회복하게 만든다. 사람이 각자의 본성을 회복하면, 각자의 성품과 직분의 고유한 것을 인식할 뿐만 아니라, 직분과 역할의 당연한 사안에 힘써 그 직분과 역할을 다할 수 있게 된다.[26]

인간의 문제는 사실 자신과 타자라는 '실존(實存)'사이의 관계가 중요하다. 참다운 존재는 고립된 실존의 사이세계에 단순하게 그냥 존재하는 것이 아니라, 실존 사이의 복잡한 연관을 고려하여 적극적이고 능동적인 관계 형성을 통해, '드러난다!' 『대학』의 명명덕은 이러한 자아와 타자의 마음이라는 양 측면을 동시에 고려한다. 다시 말하면, 개인의 착하고 순수한 마음과 타인의 그러한 마음을 회복하려는 노력이 중요하다. 타인에게 관심을 갖는다는 사실은 다음에 설명할 신민(新民)의 문제와 직결된다.

이렇게 이해한다면, 명명덕은 자기의 마음을 스스로 밝히는 성찰이자 깨달음이다. 새롭게 거듭나는 자기학습이다. 그것은 적극적인 자기혁신을 통해, 착하게 거듭나려는 마음의 학문, 그 총체적 차원을 다룬다. 이런 점에서 전통 고등학문은 '마음'을 화두의 정점에 두었다.

---

26) 양희룡, 「『大學』의 本義에 관한 연구」(성신여대 박사논문, 1997), 37-39쪽.

2. 제2원리 '신민(新民)'; 타자 배려와 협력의 혁신성

고등학문의 두 번째 원리는 신민(新民)이다. 이는 문자적으로 '백성을 새롭게 한다.'라는 의미이다. '신(新)'은 '도끼를 가지고 나무를 하다'[27]라는 뜻이다. '나무를 취한다.'라는 말은 그 나무를 재료로 다른 것을 만들어내는 데 기여한다는 뜻을 담아낸다. 거기에서 '새로움'이라는 의미가 파생된다. 나무를 연료로 불을 떼어 음식을 만들 수도 있고, 나무를 재료로 다양한 생활도구를 만들 수도 있으며, 집을 지을 수도 있다. 그리고 '민(民)'은 '맹(盲)'이나 '맹(萌)'과 뜻이 통하는 글자였다. 전쟁이 많았던 고대사회에서는 포로의 왼쪽 눈을 멀게 하여 노예로 삼았다고 한다. 이때 소경을 '맹(盲)'이라고 하는데, 이 맹(盲)을 민(民)이라고 하는 설이 있다. 아울러 민(民)은 '풀[艸]'이 싹트는 모

---

27) 『說文解字』: 新, 取木也.

습을 그린 것'으로 맹(萌)의 옛 글자라고도 한다. 싹은 하나라기보다 여럿이 함께 움튼다. 때문에 백성[民]이라는 뜻은 여기에서 확장되었다. 그러기에 『설문해자』에서도 '민(民)은 많은 싹을 뜻 한다.'[28]라고 하였다. 이런 의미에서 신민(新民)은 '움 터 나오는 많은 싹[백성]에 대해, 재료를 주어 새로움을 창출할 수 있게 하는 작업'이다. 고등학문을 몸소 수행하는 지도자의 입장에서는 구성원을 새로운 인간으로 형성하려는 노력이다.

'신민(新民)'은 『대학고본(大學古本)』에는 원래 '친민(親民)'으로 되어 있었다고 한다. 친민은 '백성과 친하게 한다!'라는 뜻이다. 그러나 주자는 『대학장구』로 개편하면서, '백성을 새롭게 한다!'는 '신민(新民)'이라는 의미로, 적극적으로 수정하였다. 주자는 『대학장구』 첫머리 주석에서 정자(程子)의 견해를 빌어, 옛날 『대학』의 원래 기록인 『대학고본』의 '친민(親民)' 부분에서 '친하게 하다!'라는 '친(親)'자를 '새롭게 하다!'라는 '신(新)'자로 고쳤다. 『대학』의 학문 구조상 '신민(新民)'이라고 해야 정당한 이유를 '혁신(革新)'의 관점에서 강조한다.[29]

---

28) 『說文解字』: 民, 衆萌也.
29) 『大學章句』『經1章』註: 程子曰, 親, 當作新.; 그러나 왕수인(王守仁; 王陽明, 1472-1528)은 주자가 '친민(親民)'을 '신민(新民)'으로 고친 것을 오류라고 지적하고, 『대학고본(大學古本)』 그대로가 정확하다고 보았다. 왕양명은 그 근거로 맹자의 설을 적극적으로 받아들여 친민을 주장한다. 특히, 『대학문(大學問)』에서 다음과 같이 의견을 피력한다. '명명덕(明明德)은 천지만물과 한 몸을 이루는 본체[體]를 세우는 작업이다. 친민(親民)은 천지만물과 한 몸을 이루는 작용[用]을 달성하는 일이다. 마음을 밝히려면 반드시 백성과 친애해야 하고, 백성을 친애하는 것이 바로 그 마음을 밝히는 까닭이다. 나의 부모를 친애하여 남의 부모 및 세상 모든 사람의 부모에 미친 후에 내 마음의 어짐[仁]과 나의 부모·남의 부모·세상 모든 사람의 부모는 서로 일체를 이루게 된다. 실제로 그들과 일체를 이룬 후에 효도하는 착한 마음이 비로소 밝아진다. 그리고 나의 형·남의 형·천하 모든 사람의 형도 일체를 이루게 된다. 실제로 그들과 일체를 이룬 후에 공경하는 착한 마음이 비로소 밝아진다. 임금과 신하, 친구 관계, 심

신(新)은 옛날의 잘못된 점을 고치는 작업이다. 이미 스스로 그 밝은 마음을 밝혔으면, 마땅히 남에게까지 미루어, 그 또한 옛날에 물든 더러움을 제거함이 있음을 말한다.[30]

여기에서 주자는 '신(新; 새로움)'을 언급할 때, '옛날의 오류를 고친다!'는 점에서 개혁(改革)을 넘어 혁신(革新)을 선언한다. 물론, 정치적으로 볼 때, 어리석은 백성, 과오로 가득 찬 '백성을 교화한다.'라는 차원의 이데올로기가 배어 있다.[31] 그러므로 글자를 고쳐가면서까지 자신의 의지와 철학을 엿보였다. 학문적으로 볼 때, 그것은 가

지어 산천, 귀신, 금수, 초목 등도 실제로 그것을 사랑하면, 내 한 몸의 어짊을 이룰 수 있다.' 또 『친민당기(親民堂記)』에서는 명명덕(明明德)과 친민(親民)의 관계를 동일하게 보고, 일관되게 백성을 사랑하라고 주장한다. '정치라는 것은 바로 백성을 사랑하는 일이다. 백성을 사랑하는 일은 무엇인가? 명덕을 밝히는 일이다. 명덕을 밝힌다는 것은 무엇인가? 백성을 사랑하는 일이다. 명명덕(明明德)과 친민(親民)은 동일한 일인가? 한 가지 일이다.' 이렇게 볼 때, 주자의 신민(新民)와 왕양명의 친민(親民)의 차이는 다음과 같이 해석할 수 있다. 신민은 백성을 교육적으로 각성시키는 '교화의식(敎化意識)'이며, 친민은 백성과 한 몸이 되는 '동화의식(同化意識)'이다. 주자의 경우, 대상화 과정을 거친 사물의 객관적 이치를 명석하게 궁구한 후 판명되는 이치를 지키고, 그에 따른 합리적 방법으로 최고선에 이를 수 있다고 본 것이고, 왕수인은 나와 사물을 대상화할 수 없는 일원적 사안으로 이해하였다. 그러기에 주자는 명명덕과 신민의 관계에서 명명덕을 근본으로 하고 신민을 말단으로 하여 주관과 객관이 내외(內外)로 상대하는 형식이고, 왕양명은 명명덕과 친민이 동일한 양식으로 표출되었다.

30) 『大學章句』『經1章』註: 新者, 革其舊之謂也, 言旣自明其明德, 又當推以及人, 使之亦有以去其舊染之汚也. 무엇보다도 주자는 『大學章句』『傳2章』에 등장하는 '苟日新, 日日新, 又日新'에 등장하는 '신(新)'을 증거로 들어, '친민(親民)'이 아니라 '신민(新民)'으로 개정하는 것이 정당함을 주장한다. 그것은 『대학』이 고등학문으로서 학문의 맥락과 구조를 객관화 하는 작업과도 연관된다.

31) '백성을 교화한다'라고 할 때, 백성[民]에 대해 정확하게 이해할 필요가 있다. 민(民)은 맹(氓)과 같은 글자로, '어리석다'라는 뜻의 '우(愚)', 또는 '어리다'라는 의미의 '유(幼)'로 이해된다. 유학에서 '민(民)'은 기본적으로 통치의 대상으로 여겨진다. 맹자의 경우, 나라의 근본으로 백성을 다음과 같이 자리매김한다. '백성이 가장 귀중하고, 사직이 그 다음이고, 군주는 가벼운 것이다.'라고 했다. 그러므로 유학을 '민본주의(民本主義)'라고 한다. '어리석은' 존재로서 백성은 원활한 통치를 위해서는 깨우침의 대상이 된다. 따라서 먼저 깨달은 성인·군자[통치자]가 그들을 온전한 인간으로 성장하게 만들고 깨우칠 수 있도록 하는 제도적 장치가 정치이고, 교화이다. 고등학문으로서 『대학』은 이를 위해 존재한다. 민(民)에 대해서는 윤천근, 『유학의 철학적 문제들』(법인문화사, 1996), 「제3장 유학에서의 민(民)」 참조.

소성(可塑性)을 전제로 한, 인간의 변화와 교육의 가능성을 제기한 것이다. 즉 옛날에 물든 더러움, 과오를 고쳐나가는 삶의 전환을 고민한다. 다시 말하면, 나로부터 남에게로, 옛날로부터 지금에로의 점진적 진보를 기준으로, 새로움을 추구한다는 의미이다. 이런 점에서, 신민에는 지도자로서 모든 구성원들의 과오를 고쳐가려는 개혁적 사고가 내포되어 있다.

그런데 어떻게 고쳐나가는가? 주자의 사고는 그렇게 간단하지 않다. 아주 난해할 수 있다. 피상적으로 이해하면, 신민은 '백성을 새롭게 하라!'는 점에서 단순히 통치자나 지도자가 피통치자나 조직의 구성원들을 교화하거나 의식화하는 수준에 머물고 만다. 이런 이해가 오해를 불러일으킨다. 유학은 누가 누구를, 즉 남이 나를, 또는 자기가 타인을 일방적으로, 함부로 다스리는 그런 사유의 시스템을 제공하지 않는다. 아래의 대화가 그것을 짐작하게 만든다.

서우: 명덕(明德)과 신민(新民)은 자신이 본래 지니고 있는 것으로 사람들을 새롭게 하는데 달려 있습니다. 백성이 자신의 명덕을 밝히는 측면에서도 또한 그것에 달려 있습니까?

주자: 말로는 '자신의 덕을 밝히고, 백성의 덕을 새롭게 한다!'라고 했지만, 그 의미는 자연스럽게 참고해 보면 알 수 있다. '명덕을 세상에 밝힌다.'는 것은 '자신이 새로워짐으로써 그 백성을 새롭게 한다.'는 일임을

알 수 있다.[32]

신민의 전제 조건은 늘 '자신이 새롭게 바뀌어야 하는,' 자기수양과 반성을 우선한다. 다시 말하면, 수기(修己), 자기수양이라는 철저한 내면의 성찰을 거친 이후에야 남을 새롭게 하는 치인(治人)을 할 수 있다. 이 내면적 성찰, 자기수양이 바로 첫 번째 원리였던 명명덕(明明德)이다. 마음을 밝히는 작업은 외부에서 그 무엇을 더해주고 부가시키는 데 적극적이지 않다. 명명덕, 즉 자신의 마음을 밝힘으로써 자신을 새롭게 하고, 타인도 새롭게 해 나가는 데 무게중심을 둔다. 그러기에 주자는 신민을 해석하면서 새로움을 지향하는 끊임없는 역동적 활동을 강조한다.

> 진실로 하루에 그 옛날에 물든 더러움을 씻어 스스로 새로워짐이 있으면, 이미 새로워진 것을 바탕으로 나날이 새롭게 하고, 또 나날이 새롭게 하여, 조금이라도 새롭게 하는 활동이 끊어져서는 안 된다.[33]

이는 탕(湯)임금이 자신의 목욕통 가장자리에 새겨놓고 스스로 경계했다는 유명한 구절이다. '구일신(苟日新), 일일신(日日新), 우일신

---

32) 『朱子語類』卷14: 問, 明德新民, 在我有以新之. 至民之明其明德, 卻又在它. 曰, 雖說是明己德, 新民德, 然其意自可參見. 明明德於天下, 自新以新其民, 可知.
33) 『大學章句』『傳2章』註: 誠能一日, 有以滌其舊染之汚而自新, 則當因其已新者, 而日日新之, 又日新之, 不可略有間斷也.

(又日新)!' '나날이 새롭게 해 나가려는 의지'가 담긴 일신(日新)에 대한 주석이다. 세 번에 걸친 일신의 반복적 강조, 이 아홉 글자[苟日新, 日日新, 又日新]에는 새로움에 대한 간절한 호소가 녹아 있다. 그런 만큼 아홉 글자를 압축한 '일신우일신(日新又日新)'으로 알려져 있는 이 구절의 의미는 '끊임없는 자기로부터의 역동적 혁명'을 제기한다.

주자는 여기에 의미를 증폭시켜, "북치고 춤추게 하면 자연스럽게 새로운 백성으로 거듭날 수 있다!"[34]라고 보았다. 이는 다시 개인의 차원에서 사회공동체를 넘어 국가를 새롭게 구성하려는 노력으로 승화한다. '신(新)'의 문제를 변혁(變革), 또는 혁명(革命)의 문제로 인식한 것이다. 그것은 "주나라가 아주 오래된 나라이나 그 명(命)이 오직 새롭다."[35]라는 표현으로 드러난다. 이는 주나라 문왕이 새로운 문화를 일으키며 덕을 새롭게 가다듬어 백성들에게 두루 미친 상황을 노래한 시이다. 당시 주나라에서의 혁명적 상황을 잘 보여준다. 포악한 정치에 시달리는 백성을 위해 문왕은 유신(維新)! '오직 새롭게' 바꿔야 한다는 개혁을 선언하며 변혁을 꾀했다. 종국적으로 혁명을 갈망했고, 궁극적으로 성공하였다. 물론, 새로움의 전환 이전에 자기수양을 위한 최고의 학문을 익혔음은 당연하다.

주자가 인식한 '신민(新民)'의 대강은 다음과 같이 정리된다. 먼저 신(新)은 두 가지 의미로 나눌 수 있다. 첫째, 스스로 새롭게 하는 자

---

34) 『大學章句』「傳2章」註: 鼓之舞之, 振起其自新之民也.
35) 『大學章句』「傳2章」: 周雖舊邦, 其命維新.

기혁신, 즉 '자신(自新)'이다. 둘째, 남을 새롭게 하는 타자혁신, 즉 '신민(新民)'이다. 자신과 신민, 이 두 가지는 분리되지 않는다. 유기체로 통일되어 있다. 자기혁신은 타자혁신에 미치지 않을 때, 고등학문의 실제로서 의미가 없다.[36] 이는 자기 자신의 수양 문제인 수기(修己)와 그것을 바탕으로 타자를 다스리고 교육하는 치인(治人)의 문제와 통한다.[37] 즉 '수기-치인'의 '내-외면적 새로움'과 '과거-현재'의 '진보적 개혁'을 동시에 담보하고 있다.

스스로 새롭게 하는 '자신(自新)'은 이미 타인을 새롭게 하는 계기이다. 그리고 과거를 바탕으로 한, 현재의 연결과 지속은 전통의 생명의식을 보여 준다. 이것은 유기체적 과정이다. 그렇다하더라도 여기에서 신민의 무게중심은 스스로 새로움을 추구하는 자기혁신, 자기수양에 있다.[38] 자기수양을 통해 남을 새롭게 한다는 일은 지극히 자연스러운 논리이다. 그것이 왕의 '교화(敎化)'차원에서 논의되건, 백성을 배려하는 차원이건, 분명한 사실은 타자에 대한 적극적인 관심과 이해이자 교육이라는 점이다.

이러한 고등학문의 근본의도를 포괄적으로 정의하면, 사람을 새롭게 하는, '신민(新民)'에 있다. 그것은 인간개조이자 사회개혁 사업과

---

36) 김병호(김진규 구성), 『亞山의 大學講義』(소강, 1996), 47쪽.
37) 이런 점에서 '명명덕(明明德)'에 해당하는 '자기 자신의 수양문제이자 수기(修己)'는 8조목에서 '격물(格物)-치지(致知)-정심(正心)-성의(誠意)'로 실천되고, 수신(修身)을 매개 고리로 하여, 타자를 다스리고 교육하는 치인(治人)의 문제인 신민(新民)의 실천은 '제가(齊家)-치국(治國)-평천하(平天下)'의 구체적 내용이 되고, 정치·경제·사회생활의 안정을 얻게 하는 여러 조건의 핵심이 된다.
38) 『大學章句』『經1章』註: 明德, 爲本, 新民, 爲末.

상통한다. 앞에서 언급한 것처럼, 사람은 타고난 기품과 환경적 요인에 의해, 일상에서 잘못을 저지르고 죄악을 범하여 자기의 착한 본성인 명덕을 잃기 쉽다. 고등학문은 이런 상황에 처해 있는 인간에게 자기의 경험을 반성하고 과거의 잘못을 깨달아 앞으로 바른 길을 찾도록 구조화 하고 있다. 그것은 처음부터 잘못되고 낡은 삶을 타파하고 새로운 길을 개척하는 과업을 의미한다.[39] 다시 말하면, 고등학문은 '잃어버린 자아, 그 진리의 세계를 찾고, 사람을 새롭게 하는, 신민(新民)의 일'이다.

---

39) 이상은, 「大學」과 「中庸」의 現代的 意義」 「大學中庸」(현암사, 1965), 333-334쪽.

3. 제3원리 '지어지선(止於至善)'; 최고선의 일상화와 학문의 지속성

고등학문의 세 번째 원리는 '지어지선(止於至善)'이다. 이는 문장 그대로 보면 '지극히 선한 곳에 그친다.'로 해석된다. '지(止)'는 갑골문에 의하면, '발'을 간단하게 그린 상형자라고 한다. 본래는 발을 이용하는 '행동(行動)'이나 '이동(移動)'의 뜻으로 쓰였다. 『설문해자』에서는 "지(止)는 아래 터를 뜻한다. 초목이 나올 때 그 터가 있는 모습을 그렸다. 때문에 지(止)자가 족(足)자로 될 수 있다."[40]라고 하였다. 이런 점에서 '지(止)'는 '그친다'·'머문다'는 뜻을 지닌, 인간의 다리를 본뜬 글자로 두발로 걷다가 멈추는 상황을 상징한다.[41] 그렇다고 완전히 정지하거나 끝마친다는 의미의 '종료(終了)'는 결코 아니다.

주자에 의하면, "반드시 여기에 이르러 옮기지 않는다."라는 뜻이

---
40) 『說文解字』: 止, 下基也. 象艸木出有址. 故以止爲足.
41) 조셉 니이담(이석호 외 역), 『중국의 과학과 문명』(을유문화사, 1986), 313쪽.

다.[42] '반드시 여기에 이른다.'는 것은 아직 얻지 못한 것을 얻으려는 작업이며, '옮기지 않는다.'는 것은 이미 얻은 것을 잃지 않는 일이다.[43] 다시 말하면, '이곳에 이르러 머물면서 그 뜻을 바꾸지 않는다.'는 의미로, '도달'과 '유지·지속'이 겸비되어 있다. 즉 목표와 이상에 도달하기 전에는 그것을 달성할 수 있도록 힘쓰며, 목표가 달성된 후에는 다시 추락하지 않도록 유지·지속해야 한다.[44]

그렇다면 어디에 이르러 옮기지 않는다는 말인가? 가장 착한 곳, '지선(至善)'의 경지이다. 그것은 '최고선(最高善)'의 상황이다. 주자는 지선(至善)을 "사리의 당연한 기준이나 표준"이라고 했다.[45] 사리의 당연한 기준이나 표준은 '사물의 이치'나 '당위규범(當爲規範)'을 말한다. 사물이나 인간이 처할 수 있는 가장 적절한 시간과 공간, 종횡을 가로질러 적당함을 구가하는 '중용적 거처'이다. 그 핵심은 앞에서 다루었던 '명명덕(明明德)'과 '신민(新民)'을 최고선의 경지에 멈추어 옮기지 않는 일이다.[46]

> '지어지선(止於至善)'은 '재명명덕(在明明德)·재신민(在新民)'을 포괄한다. 자신도 지어지선(止於至善)이 필요하고, 다른 사람도 또한 지어지선

---

42) 『大學章句』『經1章』註: 止者, 必至於是而不遷之意.
43) 왕부지(왕부지사상연구회 옮김), 『왕부지 大學을 논하다』(소나무, 2005), 56쪽: 必至於是, 是未得求得, 不遷, 是已得勿失.
44) 岑溢成(황갑연 옮김), 『大學哲學』(서광사, 2000), 64쪽.
45) 『大學章句』『經1章』註: 至善, 則事理當然之極也.
46) 『大學章句』『經1章』註: 明明德, 新民, 皆當止於至善之地而不遷.

(止於至善)이 필요하다. 세상은 하나의 도리로 꿰뚫려져 있을 뿐이므로, 다른 사람에게 억지로 행하게 할 수는 없지만, 내가 다른 사람에게 바라는 것이라면 이와 같이 하지 않을 수 없다. '명덕'과 '신민', 이 둘은 모두 최고의 경지에 이르는 것이 필요하다. 명덕은 대략적으로 덕이 밝아지면 끝나는 것이 아니고, 신민은 대략적으로 새로움을 얻으면 그만두는 것이 아니다. 둘 다 지극한 곳에 이르러 지속될 필요가 있다.

 진순이 "지선(至善)은 명덕의 밖에 따로 선이 있는 것이 아니고, 단지 명덕 가운데 나아가 지극한 곳에 이르는 것 아닙니까?"라고 물었다. 이에 주자가 다음과 같이 말하였다. "옳은 말이다! '명덕' 가운데 또한 '지선'이 있고, '신민' 가운데 또한 '지선'이 있으니, 모두 저 지극한 곳에 이르는 것이 필요하다. '지선'은 처하는 곳이면 어디든지 있게 된다. 수신(修身) 가운데 또한 지선이 있으니, 반드시 저 극진한 곳에 이르는 것이 필요하다. 제가(齊家) 가운데 또한 지선이 있으니, 또한 저 극진 곳에 이르는 것이 필요하다. 지선은 그 기준으로 말했을 뿐이다. 이해가 지극한 곳에 이르러야 할 뿐만 아니라 공부가 지극한 곳에 이를 필요가 있다. 예컨대, 뒤에 나오는 "다른 사람의 임금이 되어서는 인(仁)에 그친다."라고 하는 구절은, 본디 하나의 인(仁)이지만, 인은 또한 다양한 측면에 있는 일이므로, 일이 처한 상황에 따라 살펴보아야 한다. 이 일의 합당함이 이와 같다면 인에 해당한다. 저 하나의 일 또한 합당함이 저와 같다면 또한 인이다. 만약, 이해하지 못하고 하나만을 고집한다면, 한 쪽만을 이룬 꼴이다. 예컨대, 뒤에 나오는 "다른 사람의 신하가 되어서는 경(敬)에 그친다."라고 하는 구절에서, 경(敬) 또한 다소 간의 일이 있으므로, 엎드려 절하고 무릎을 꿇는 예와 같은 것만이 바로 경이라고 할 수는 없다. 충을 다하고 속이지 않고, 선을 펼치고 사특함을 막고, 군주를 받아들이고 허물이 없는 것이 모두 경이다. 이런 모든 사안에 대해 마땅히 이해해야 한다. 하나의 뜻만을 고집한다면, 또한 한 쪽만을 이룬 것이니 어찌 지선(至善)이라고 하겠는가? 이런 지선은 약간 괜찮은 것과 비슷할 뿐이다. 한문공(韓文公)이 "맹자가 죽자 그 전수자를 얻지 못했다."라고 하였다. 진나라와 한나라 이래로 어찌 사람이 없어 그렇게 말했겠는가! 저 지선이 없어서였을 뿐이다. 식견이 완전하게 지극히 좋은 곳에 이르지 못하고, 공부 또한 완전히 지극한 곳에 이르지 못한 것이다.[47]

이렇게 볼 때, '명명덕'과 '신민'의 실천은 이미 '지선'의 주요한 양식이다. 그것은 천리 자연의 법칙과 기준을 온전히 하는 데 있고, 아무리 사소할지라도 개인적인 욕심이 없어야 한다.[48] 명명덕을 지속

---

[47] 『朱子語類』卷14: 止於至善, 是包在明明德, 在新民. 己也要止於至善, 人也要止於至善. 蓋天下只是一个道理, 在他雖不能, 在我之所以望他者, 則不可不如是也. 明德·新民, 二者皆要至於極處. 明德, 不是只略略地明德便了. 新民, 不是只略略地新得便休. 須是要止於極至處. 問, 至善, 不是明德外別有所謂善, 只就明德中到極處便是否. 曰, 是. 明德中也有至善, 新民中也有至善, 皆要到那極處. 至善, 隨處皆有. 修身中也有至善, 必要到那盡處; 齊家中也有至善, 亦要到那盡處. 至善, 只是以其極至. 不特是理會到極處, 亦要做到極處. 如做人君, 止於仁, 固是一个仁, 然仁亦多般, 須是隨處看. 如這事合當如此, 是仁. 那一事又合當如彼, 亦是仁. 若不理會, 只管執一, 便成一邊去. 如'爲人臣, 止於敬', 敬亦有多少般, 不可只道擎跽曲拳便是敬. 如盡忠不欺, 陳善閉邪, 納君無過之地, 皆是敬, 皆當理會. 若只執一, 亦成一邊去, 安得謂之至善! 至善只是些子恰好處. 韓文公謂'軻之死不得其傳'. 自秦漢以來豈無人. 亦只是無那至善, 見不到十分極好處, 做亦不做到十分極處.

[48] 『大學章句』「經1章」註: 必其有以盡夫天理之極, 而無一毫人欲之私也.

하는 동시에 신민을 연속하여 자기개혁과 타인혁신에 최선을 다하는 상황이다. 이러한 모습으로 일상이 영위되는 공동체를 유학에서는 '대동(大同)'사회라고 명명한다.

온전한 인간의 길, 그 큰 도가 행해지자, 세상을 공공의 것으로 생각하여 권력을 사사로이 그 자손에게 넘겨주는 일이 없고, 어질고 유능한 인물을 선택하여 서로 전하였다. 당시 사람들은 정성을 다하고 서로 신뢰함을 가르치며 화목을 실천하였다. 그러므로 사람들은 홀로 자기의 어버이만을 친애하지 않았으며, 홀로 자기의 아들만을 사랑하지는 않았다. 늙은이에게는 그 일생을 편안히 마칠 수 있게 하고, 장년에게는 일을 할 수 있게 하며, 어린이에게는 의지하여 성장할 곳이 있게 하고, 과부나 홀아비 고아나 병자들이 모두 보살핌을 받을 수 있게 하며, 남자는 사농공상(士農工商)의 직분이 있고, 여자는 돌아갈 남편의 집이 있었다. 재화라는 것은 헛되이 땅에 버려지는 것을 미워하지만, 반드시 자기에게만 사사로이 감추어 두지는 않았으며, 힘이란 것은 사람의 몸에서 나오지 않아서는 안 되는 것이지만, 그 노력을 반드시 자기 자신의 사사로운 이익을 위해서만 쓰지는 않았다. 그런 까닭에 간사한 꾀나 절도, 반란이 일어나지 않았다. 그러므로 대문을 닫아 잠그는 일이 없었다. 이러한 세상을 공공의 법도를 세상 사람들이 모두 같이 하는 대동의 세상이라고 말한

다.[49]

아름다운 공동체, 최고선에 의해 운영되는 '지어지선(止於至善)'의 형상을 묘사할 때, 『대학』에서는 『시경(詩經)』을 많이 인용한다. 시의 본질은 '사악함이 없는 것'과 '즐기면서도 음탕한 데 흐르지 않고 슬퍼도 마음 상하지 않는' 조화와 조절에 있다.[50] 그것은 마땅한 당위규범을 지속적으로 드러낼 때 가능하다. 이른바 '중용(中庸)'사상의 핵심인 '중화(中和)'를 생명으로 삼아야 한다는 말과도 같다. 중화는 적절함과 조절의 극치이다. 중화(中和)에서 '중(中)'은 인간의 감정이 펼쳐지지 않은 내면의 상태이고, '화(和)'는 감정이 펼쳐져 현실에 절도 있게 적절히 쓰이는 외면적 발출 상태이다. 이 중화가 바로 최고

---

[49] 『禮記』「禮運」: 大道之行也, 天下為公. 選賢與能, 講信修睦, 故人不獨親其親, 不獨子其子, 使老有所終, 壯有所用, 幼有所長, 矜寡孤獨廢疾者, 皆有所養. 男有分, 女有歸. 貨惡其棄於地也, 不必藏於己. 力惡其不出於身也, 不必為己. 是故謀閉而不興, 盜竊亂賊而不作, 故外戶而不閉, 是謂大同. 그러나 현실적으로 이러한 '大同'사회가 존재하기는 쉽지 않다. 그런 상황을 고려한 것인지, 『禮記』「禮運」에는 '大同'사회를 설명하고 난 다음에, 조금 편안한 사회인 '소강(小康)'을 제시하였다. 어떻게 보면 유학은 '大同'이라는 이상향을 설정하면서도 '小康'이라는 실현 가능한 세상을 설정하는데 적극적이었을 수 있다. 이는 유학의 현실적 특색이기도 하다. '小康'사회의 모습은 다음과 같다. '지금은 세상을 공유하는 큰 법도는 이미 없어지고, 세상을 사사로운 집으로 생각하여 각기 자기의 어버이만을 친애하며, 각기 자기의 아들만을 자애한다. 재화와 힘은 자기만을 위해 쓰인다. 천자와 제후는 세습하는 것을 예로 하며, 성곽을 견고하게 하여 스스로 지킨다. 예의를 기강으로 내세워 그것으로써 임금과 신하의 분수를 바로 잡으며, 부자 사이를 돈독하게 만들고, 형제를 화목하게 하며, 부부 사이를 화합하게 만든다. 제도를 설정하여 토지와 마을을 구획하고, 용맹함과 지혜 있음을 어질다고 하며, 공은 자기를 위한 일에 이용한다. 그런 까닭에 간사한 꾀와 전쟁이 일어난다. …… 이에 의리를 밝히고, 믿음을 이루며, 허물 있는 것을 드러내 밝히고, 어짊을 법칙으로 하며, 겸양의 도를 가르쳐 백성들에게 떳떳한 법이 있음을 보여 주었다. 이 떳떳한 법칙에 좇지 않는 자가 있으면 권세의 지위에 있는 자일지라도 배척하여 내쫓아서, 백성들이 그를 백성에게 재해를 미치는 임금이라고 하게 한다. 이런 세상을 소강이라고 말한다(今大道既隱, 天下為家, 各親其親, 各子其子, 貨力為己, 大人世及以為禮. 城郭溝池以為固, 禮義以為紀. 以正君臣, 以篤父子, 以睦兄弟, 以和夫婦, 以設制度, 以立田里, 以賢勇知, 以功為己. 故謀用是作, 而兵由此起. 禹·湯·文·武·成王·周公, 由此其選也. 此六君子者, 未有不謹於禮者也. 以著其義, 以考其信, 著有過, 刑仁講讓, 示民有常. 如有不由此者, 在勢者去, 眾以為殃, 是謂小康.)

[50] 康曉城, 『先秦儒家詩教思想研究』(臺北: 文史哲出版社, 1988) 참조.

선의 경지와 통한다. 『주역(周易)』에서는 이러한 머무름을, '때에 맞게 머무를 적에 머무르고, 때에 따라 갈 적에 가는', 즉 있을 자리에 머물러 있고 갈 자리에 가는, 때를 잃지 않은 상황으로 묘사한다.[51] 『대학』에서는 이런 최고선의 경지를 노래를 통해 설명한다.

> 나라의 경계가 천리/ 백성들이 머물러 사는 곳이다./ 꾹 꾹 우는 노란 새/ 저 언덕배기에 머물렀도다./ 깊고 높으신 문왕이시여!/ 아! 계속하여 밝히시고 공경하시어 머무르셨다./ 임금이 되어서는 인(仁)에 머무르시고/ 신하가 되어서는 경(敬)에 머무르시고/ 자식이 되어서는 효(孝)에 머무르시고/ 부모가 되어서는 자(慈)에 머무르시고/ 사람과 사귐에는 신(信)에 머무르셨다.[52]

이외에도 한 두 편의 시를 인용하고 있으나, 보통교육으로 교화되는 일반인[백성]과 고등학문을 실천하는 지도자[문왕]의 사례를, 새라는 매개체를 통해 어디에 머물러야 마땅한지를 증명한다. 백성은 자기가 속한 나라에서 일하며 행복하게 살고 싶어 한다. 그것이 그들의 이상이다. 새는 언덕의 나무나 숲이 우거진 곳에 보금자리를 튼다. 이는 백성의 본분, 새의 속성과 관련된다. 그리고 고대의 성왕인

---

51) 『周易』「艮卦」彖: 艮, 止也, 時止則止, 時行則行, 動靜不失其時.
52) 『大學章句』「傳3章」: 邦畿千里, 惟民所止. …… 緡蠻黃鳥, 止于丘隅. …… 穆穆文王, 於緝熙敬止. 爲人君, 止於仁, 爲人臣, 止於敬, 爲人子, 止於孝, 爲人父, 止於慈, 與國人交, 止於信.

문왕을 예로 들어, 고등학문을 이행한 진정한 지도자가 머무르는 경지의 극치를 보여준다. 다섯 가지의 당위규범, 즉 '인(仁)·경(敬)·효(孝)·자(慈)·신(信)'은 지선의 조목들 가운데 큰 것을 든 것이다.[53] 이는 사실, 인간이 각자의 자리와 위치, 역할과 기능 속에서 명명덕을 밝히는 작업과 동일하다. 이 또한 사람마다 지니고 있는 역할과 본분의 이행과 연관된다.

『대학』에서는 이런 지선의 경지에 도달하는 고등학문의 과정과 방법을 '절차탁마(切磋琢磨)'와 '슬한혁훤(瑟僩赫喧)'으로 표현한다. "자르는 듯하고 깎는 듯하며, 쪼는 듯하고 가는 듯하다. 엄밀하고도 굳세며, 빛나고도 점잖다!"[54] 이는 학문탐구, 즉 스스로 행실을 닦음과 마음이 두려워하는 일, 겉으로 드러나는 모습을 전체적으로 상징한 것이다.

'절(切)'은 자르는 데 칼과 톱을 이용하는 작업이고, '탁(琢)'은 망치와 끌로써 쪼고 다듬는 일이다. 그리고 '차(磋)'는 줄과 대패로서 가는 일이고, '마(磨)'는 모래와 돌로써 가는 작업이다. 뼈와 뿔을 다스리는 사람은 이미 잘라놓고 다시 이것을 갈며, 옥과 돌을 다스리는 사람은 이미 쪼아 놓고 다시 간다. 자르는 데는 칼과 톱을 이용하고, 가는 데는 줄과 대패를 이용한다. 이는 모두 물건을 매만져서 형체를 만드는 작업이다. 아울러 쪼는 데는 망치와 끌로 하고, 가는 데는 모래와 돌

---

53) 陳滿銘, 『學庸廬談』(永和: 文津出版社, 1982), 40쪽.
54) 『大學章句』「傳3章」: 如切如磋, 如琢如磨. 瑟兮僩兮, 赫兮喧兮.

로 한다. 이 작업은 물건을 윤택하게 하는 일이다. 형체를 만들고 그것을 다시 윤택하게 하는 일은, 비유하자면, 내면으로는 엄밀하고 꿋꿋하며 외면으로 드러날 때는 성대한 모양이다.

'슬(瑟)'은 조심하고 공경하는 모양이고, '한(僩)'은 웅장하고 위엄 있는 모습이다. '혁(赫)'은 불빛이 활활 타오르는 모양이고, '훤(喧)'은 그 불빛이 크게 비치는 모습이다. 이는 아름다운 덕행과 옥석의 조용하고 우아함을 형용한 말로, 그것이 불빛처럼 환하게 밝아지는 것을 상징한다.[55]

이처럼 지선에 머무르는 최고선의 상황은, 끊임없는 노력을 바탕으로, 도달되는 경지이다. 마땅한 것, 사물에 걸 맞는 어떤 것이 있고, 그것을 제대로 쓰는 동시에, 빛나는 사물을 만들기 위해 적절한 방법으로 최선을 다하는 노력 그 자체이다. 학문의 과정도 이와 마찬가지이다. 학문의 기본적인 틀을 배우고 익히고 습득한 후에는 그것을 세련되게 만드는, 응용하고 적용하고 새로운 것을 창조하는, 정교화 작업이 수반되어야 한다.

이런 노력의 과정은 고등학문을 수행하는 '도학(道學)'과 '자수(自修)'로 실천된다. 고등학문을 이행한 지도자의 내면적인 덕과 밖으로 나타난 용모는 '순율(恂慄)'과 '위의(威儀)'로 드러난다. 도학(道學)은

---

55) 『大學章句』「傳3章」註: 切以刀鉅, 琢以椎鑿, 皆裁物使成形質也. 磋以鑢錫, 磨以沙石, 皆治物使其滑澤也. 治骨角者, 旣切而復磋之, 治玉石者, 旣琢而復磨之, 皆言其治之有緖而益致其精也. 瑟, 嚴密之貌, 僩, 武毅之貌, 赫喧, 宣著盛大之貌.; 이민수·장기근, 『大學·中庸·孝經』(홍신문화사, 1979), 92-93쪽.

위에서 말한 '절차(切磋)'이고 자수(自修)는 '탁마(琢磨)'이다. 순율(恂慄)은 '슬한(瑟僩)'이고 위의(威儀)는 '혁훤(赫喧)'에 해당한다.[56] 도학은 전통 유학이라는 고등학문의 기본과정이자 틀이다. 이에 비해 자수는 그것을 스스로 체득하고 자기화하는 작업이다. 그런 노력을 통해 삼가고 두려워하며 몸을 움츠리면서도 엄격한 용모를 갖추게 되고, 존경하지 않고는 못 배길 정도의 법도에 맞는 행위자로 거듭난다. 이는 지도자가 고등학문을 이수하는 구체적 원리로, 최고선을 지향하는 근본이유를 가르쳐주고, 실천방안을 마련해 주며, 성취의 모습을 보여준다.

앞에서 언급한 것처럼, 학문의 방법상 '자르는 듯하고 깎는 듯하다'라는 '절차'는 강습(講習)하고 토론(討論)하여 자신의 지식을 넓히고 연구하는 일을 가리킨다. '쪼는 듯하고 가는 듯하다'아는 '탁마'는 자신을 깊이 성찰하여 착함으로 나아가려는 내적 노력에 비유된다. '엄밀하고 굳세다'라는 '슬한'은 두려워 떨면서 스스로를 깊이 경계하는 정신이다. '빛나고도 점잖다'라는 '혁훤'은 외모에 나타나는 태도나 풍채가 위엄 있고 예절에 맞아 당당한 모습을 말한다.[57] 요컨대, 지식이론과 행위실천이 축적되고 터득하는 과정을 거쳐, 몸에 가득히 배어있는, 참 인간의 형상으로 살아나는 것이다.

이렇게 본다면, '지어지선(止於至善)'은 어떤 고정된 형태로 있는

---

56) 『大學章句』「傳3章」: 如切如磋者, 道學也, 如琢如磨者, 自修也, 瑟兮僩兮者, 恂慄也, 赫兮喧兮者, 威儀也.
57) 백연욱 외 역해, 『大學·中庸』(홍신문화사, 1975), 147-149쪽.

형이하학적 사물이 아니다. 일상에서 가장 적절한 삶의 지속성이다. 중요한 것은 '절차탁마'의 과정과 '슬한혁훤'의 달성을 통해, 그것을 일상에서 지속가능한 삶의 생명력으로 이어가는 일이다. 그 완결된 몸과 정신을 지닌 인간이 바로 고등학문으로 무장한 성인·군자이고 지도자의 전형이 된다.

4. '3강령'의 유기체적 맥락

　문자 구조상, 3강령은 '재(在)'명명덕(明明德), '재(在)'신민(新民), '재(在)'지어지선(止於至善)에서 보듯이 '재(在)'자가 앞에 놓여 있다. 재(在)는 문자적으로 이해하면, '재(才)'와 같은 글자이다. '재(在)'는 '초목의 새싹[丨]이 땅[▽]을 뚫고 움터 나온 모습'에 흙[土]이 더해진 글자이다. 『설문해자』에서는 '있다'라는 뜻으로 썼다.[58] 3강령에서 강령마다 맨 앞에 자리한 '재'의 의미를 문자 자체의 존재론적으로만 보면, '있다'라는 뜻으로 하나하나의 강령이 독립적인 것처럼 보인다. 그러나 인식론·가치론적으로 보면, 그것은 사람을 가르치는 방법과 공부의 내용, 즉 학문에서 처음부터 끝까지 일관된 조리가 있음을 보여준다.

　이런 차원에서 본다면, '재(在)'는 그냥 막연히 '있다'라는 의미가 아

---

58) 『說文解字』: 在, 存也.

니다. 무엇 무엇에 '달려 있다'는 표현이 적절하다.[59] 즉 '대학의 길은 '명덕', '신민', '지어지선'에 달려 있다'는 서술이 의미맥락상 보다 구체적이다. 그러기에 '재(在)'자 때문에 세 원리를 독립적인 강령으로 보아서는 안 된다. 철저하게 유기체적 맥락과 연결구조 속에서 인식해야 한다. 3강령의 관계는, 먼저 명덕을 밝히고, 다음으로 그 명덕을 써서 백성을 교화시킨 후에, 마지막으로 '군주-신하', '부모-자식'을 비롯한 모든 사람을 최고의 경지에 거처하도록 인도하는 것이다.[60]

유학은 '명명덕-신민-지어지선'의 관계에서, '마음을 밝히는 작업'과 '새롭게 하는 일' 이외에 별도로 최고선에 머무르는 경지를 설정하지 않는다. 마음을 밝혀 최고선에 머무르게 하는 것이 바로 명명덕이다. 그리고 이를 반드시 백성들에게까지 확충하여 백성을 새롭게 교화시킨 후에야 공효를 이루게 된다. 백성을 교화시켜 최고선에 머무르게 하는 일은 신민의 공효이다. 이는 반드시 명명덕을 기초로 삼아야 한다. 다른 측면에서 보면, 최고선에 머무른다는 것은 명덕을 밝히는 작업과 백성을 교화시키는 일을 하나로 통일시키는 작업이다. 따라서 이 세 가지 강령은 하나로 통합된 학문원리이다. 다양한 차원의 작용을 통해, 지도자가 실천해야 할 고등학문의 이념이자 지침이 된다.[61]

---

59) 왕부지(왕부지사상연구회 옮김), 『왕부지 大學을 논하다』(소나무, 2005), 62쪽.
60) 南懷瑾, 『大學微言』(北京: 世界知識出版社, 1998), 49쪽.; 朱貽庭, 『中國傳統倫理思想史』(上海: 華東師範大學出版社, 1994), 170쪽
61) 岑溢成(황갑연 옮김), 『大學哲學』(서광사, 2000), 67쪽.

명명덕은 스스로 마음을 밝히는 작업으로 자아실현이자 자기혁신이다. 그리고 신민은 백성들에게 끊임없이 자아를 새롭게 하는 일, 타자혁신으로 이해할 수 있다. 스스로 밝힌 명덕은 신민의 근본이 되고 신민은 명명덕의 확충된 모습이다. 새로움은 자기변혁의 결과이자 타인혁신에 기여한다. 요컨대, 지도자가 자신의 명덕을 밝히는 것을 기초로 백성들을 갱신(更新; renewal)하고, 백성 스스로 명덕을 밝히게 하는 것이 백성을 새롭게 하는 신민이다. 명명덕에서 신민에 이르는 학문의 과정에서 단절은 존재할 수 없다. 연속적인 역동성이 존재할 뿐이다. 마음에 갖추어진 천리(天理)가 보편적이고 구체적인 인간의 윤리와 모든 사물의 이치에 합당할 때, 최고선의 경지에 머물 수 있다. 이는 도덕생명(道德生命)이 전면적으로 발현된 것이며, 지도자가 실천해야 할 고등학문의 완성이다. 따라서 '명명덕-신민-지어지선'은 실제로 지도자들이 배워야 할 학문원리의 유기적 통일체이다.

다시 정리해 보면, 명명덕은 사람들이 구유한 착한 마음을 드러내어 펼치는 작업이다. 이는 타인을 다스리려면 먼저 자신을 다스려야 하고, 천하를 평정하려면 반드시 자신이 먼저 미덕을 갖추어야 하는 근원적 조건이다. 한 마디로 말하면, 자기학습이다. 자기수양의 학문적 실천이다. 다음으로 신민은 지도자가 실천해야 하는 고등학문의 근본임무이다. 이는 지도자의 근본목적인 조직구성원의 통치를 위해, 타인에게 날마다 새롭게 의식을 가다듬게 하는 일이다. 잘못된 옛것을 버리고 올바른 새것을 펴면서 끊임없이 높은 도덕적 품성을 함양해 나가야 한다. 그리고 지어지선은 지도자가 일상에서 실천해야 하는 근본목표이다. 명명덕과 신민은 모두 지극히 선한 경지에 도달하려는 노력이며, 자기변혁과 타인혁신을 통해 세상을 안정되게 다스리려는 일이다. 지어지선은 또 다른 하나의 독립된 강령이나 원리가 아니라, '명명덕의 지어지선', '신민의 지어지선'으로 녹아 들어가, 지도자들이 고등학문을 하면서 자기학습을 하는 가운데 지향하고 실천해야 할 근본목적으로 자리한다. 요컨대, 명명덕은 지도자의 수양인 고등학문을 위한 근본원칙이고, 신민은 근본임무이며, 지어지선은 근본목적이다.[62] 이 학문의 원칙과 임무와 목적의 전일적 구성이 하나의 통일적 원리로 드러난 것이, 고등학문으로서 『대학』의 '3강령'이다.

사람을 가르치는 도리, 그 고등학문의 원리는 어디에 있는가? 어떤 것인가? 다시 전체적으로 요약해 보자.[63]

첫 번째 원리는 자기에게 있는 밝은 덕, 마음을 밝히는 일이다. 덕은 사람이 하늘에서 받은 이치로 본래는 사사로운 욕심이 없고 착한 텅 비고 밝았던 것이다. 그런데 사람은 태어날 때 기질을 받게 되고, 그것은 사물에 구속되는 근본원인이 된다. 사물에 대한 욕심은 사람

---

62) 來可泓, 『大學直解·中庸直解』(上海: 复旦大學出版社, 1998), 참조.
63) 이민수·장기근, 『大學·中庸·孝經』(홍신문화사, 1979), 65쪽.

이 태어난 뒤에 가려져서 때로는 어두워진다. 그렇다고 타고난 본래의 밝은 덕, 착한 마음이 완전히 없어지는 것은 아니다. 때문에 배우는 사람은 타고난 본래의 마음을 확충하여 마음전체를 모두 밝게 해야만 한다. 그리고 자기의 마음을 기반으로 타인의 비뚤어진 마음도 밝게 하여, 언제 어디서건 밝지 않은 때가 없도록 하면, 타인도 처음 타고난 성품을 회복하게 된다. 이것이 이른바 어른, 또는 지도자가 행하는 고등학문의 기본체계이고, 자기학습의 이치이다.

두 번째 원리는 백성을 새롭게 하는 데 있다. 앞에서 언급한 밝은 마음, 덕은 사람이면 누구나 지니고 있다. 나 홀로 단독으로 얻은 것이 아니다. 덕의 종류나 내용이 다를 뿐이다. 그러므로 훌륭한 덕을 지닌 사람은 어두운 덕을 지닌 사람들을 새롭게 하여, 저들도 훌륭한 덕을 지닐 수 있도록 해 준다. 즉 스스로 밝게 하지 못하는 사람을 모두 새롭게 만들어, 그 옛날에 물든 더러운 것을 버리게 해 준다. 이것이 어른으로서, 지도자로서 유용하게 쓸 수 있는 고등학문의 작용이고, 타자교육의 이치이다.

세 번째 원리는 지극히 착한 곳에 머무르게 하는 작업이다. 내가 밝게 하여 새롭게 만든 것은 나의 책임 하에 스스로 노력한 일이다. 다른 어떤 것으로부터 구차하게 얻은 것이 아니다. 하늘에서 얻은 이치는 일상생활에서 당연한 법칙으로 드러난다. 이를 가장 착한 것, 최고선의 경지라고 한다. 가장 착한 것, 지극히 선한 사안은 반드시 자기의 덕이 밝지 않은 부분이 없게 하고, 백성들의 덕을 모두 새롭지 않은 영역이 없게 하여, 이 둘을 다른 곳으로 옮겨가지 않도록 한다. 이는 어른인 지도자가 실천해야 할 고등학문으로서, 그 체계와 작용이 유기체적 맥락 가운데 있음을 보여준다.

<표> 3강령의 '고등학문'적 특징

3강령 (三綱領)	작용	속성	학문 원리	학문 유기체의 길
명명덕 (明明德)	천도(天道) 우주 자연 법칙 이치	이치 터득 마음 자각 본성 이해	학문의 기본 틀 자아실현 성찰(省察) 자기혁신 자기각성	자기학습 ｜
신민 (新民)	인도(人道) 인간 사회 법칙 윤리·도덕	도리 확충 교화 인식 교육 확대	학문의 기초 작용 타자이해 교화(敎化) 타자혁신 타자인도	타자교육 ｜
지어지선 (止於至善)	지도(地道) 일상의 바탕 삶의 실천	건전 생활 문화 건설 사회 지속	학문의 근본 효과 자기계발의 지속 타자교육의 실천 공동체의 질서확보	지도자학문

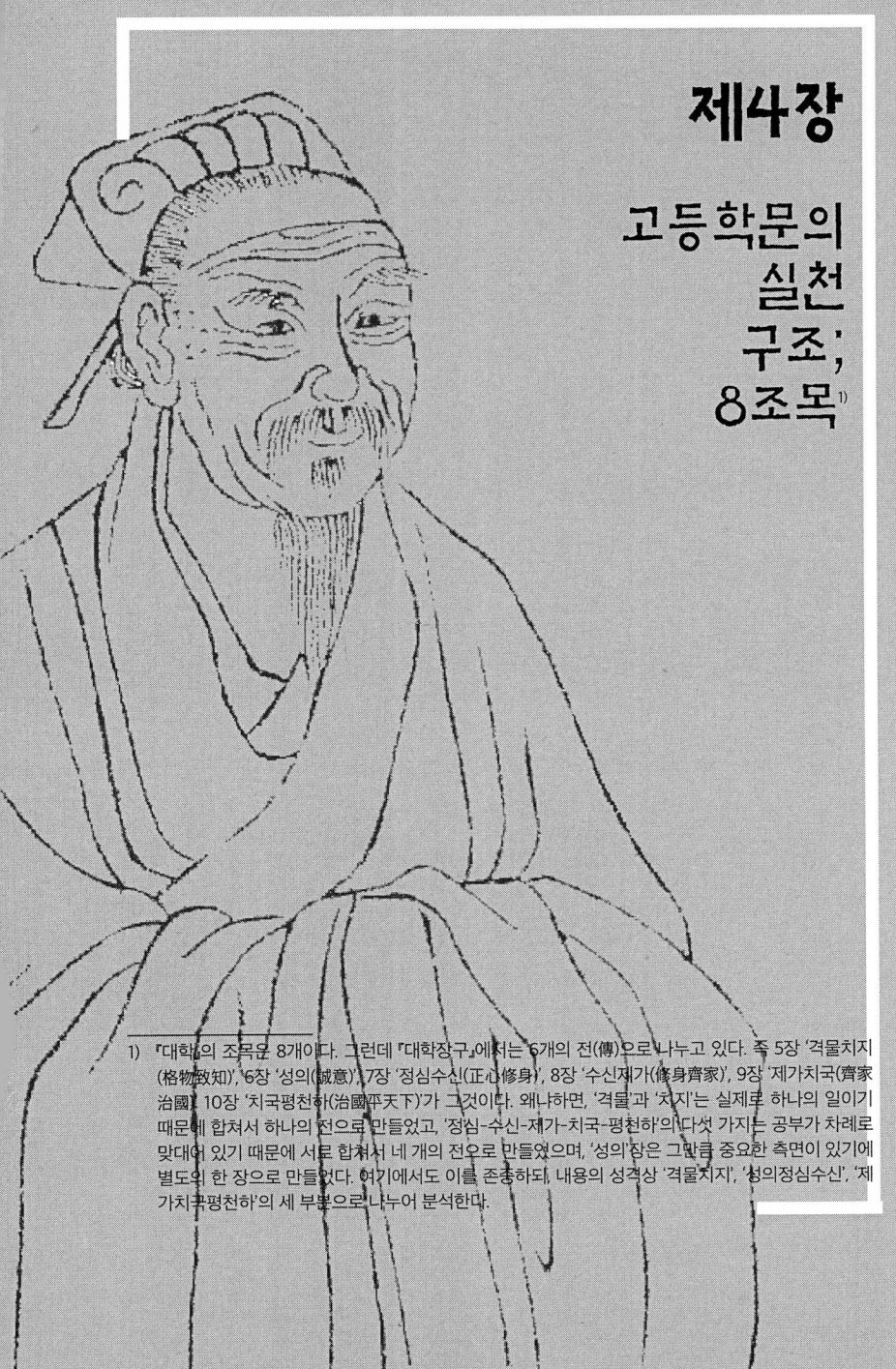

제4장

고등학문의 실천 구조; 8조목[1]

---

1) 『대학』의 조목은 8개이다. 그런데 『대학장구』에서는 6개의 전(傳)으로 나누고 있다. 즉 5장 '격물치지(格物致知)', 6장 '성의(誠意)', 7장 '정심수신(正心修身)', 8장 '수신제가(修身齊家)', 9장 '제가치국(齊家治國)', 10장 '치국평천하(治國平天下)'가 그것이다. 왜냐하면, '격물'과 '치지'는 실제로 하나의 일이기 때문에 합쳐서 하나의 전으로 만들었고, '정심-수신-제가-치국-평천하'의 다섯 가지는 공부가 차례로 맞대어 있기 때문에 서로 합쳐서 네 개의 전으로 만들었으며, '성의'장은 그만큼 중요한 측면이 있기에 별도의 한 장으로 만들었다. 여기에서도 이를 존중하되, 내용의 성격상 '격물치지', '성의정심수신', '제가치국평천하'의 세 부분으로 나누어 분석한다.

1. 대상의 파악과 장악; 격물(格物)-치지(致知)

격물(格物)과 치지(致知)는 주자의 사상 가운데 가장 중요하면서도 논쟁거리가 되는 부분이다. 8조목에서 맨 앞에 나오는 '격물치지(格物致知)'는 본래 망실(忘失)되었던 것을 주자가「격물보전(格物補傳)」을 통해 새롭게 창조한 내용이다. 이런 내용의 수정과 보완이 주자학의 특색을 살리는 구체적 근거가 된다. 다시 말하면, 성리학[신유학]적 고등학문 이론의 체계화 과정에서 핵심을 차지하는 대목인 것이다. 때문에 주자는 전통 고등학문인 유학이 추구하는 목표와 그 첫 단추인 '격물(格物)'에 관해 진지하게 접근한다.

지금 학자들이 고등학문을 하는 이유는 간단하다. 반드시 성현(聖賢)의 경지에 도달할 것을 목표로 한다. 그 목표에 도달하지 못했다면 기꺼이 쉬어서는 안 된다. 그것이 옳은 행동이다. 공부에 힘쓰면서 앞만 보고 달리며, 앞길에 놓여있는 망망한 대지를 바라보고 나아간다면, 노정을 묻지 않아도 자연스럽게 조금씩 목표에 도달할 수 있다. 어찌하여 학문의 과정에서 편안한 방식만을 앞에 만들어 놓고, 그 곳에서 멋대로 노닥대는가, 어째서 일을 그렇게 처리하는가! 어떤 학문적 작업에 착수했다고 하자. 100%의 힘을 쏟아 붓는다하더라도 결과는 50-60%에 그친다. 50%-60%의 힘을 발휘할 경우, 그 결과는 30-40%에 그친다. 30-40%의 힘만으로 일에 착수한다면, 그 결과는 뻔하다. 성과가 거의 없다. 또한 여러분들이 자신의 집에서 일정한 지역, 예를 들어, 건양현 같은 곳에 볼일이 있어 그리로 간다고 하자. 그런데 바로 건양현으로 향하지 않고 절반 쯤 되는 중간의 어떤 지역에서 쉴 수도 있다. 그렇다면 아직 건양현에 도달하지 않은 상황이다. 갈 길을 멈추고, 건양현에 도착하지 않고 중간 지역인 절반쯤 되는 길에서 집으로 돌아가 버린다면, 이는 목적지인 건양현에 이르지 못한 것이다. 성현들이 고등학문에 열중한 것은 결코 이와 같지 않다! 예컨대, 『예기』에서는 "군자는 도를 향해 전진하다가 중도에 쓰러지더라도, 몸이 늙는 것도 잊고, 세월의 부족함도 모르며, 날로 부지런하기만 하여, 목숨이 다한 뒤에야 그만둔다!"라고 했다. 또 『맹자』에서는 "순임금은 세상의 모범이 되어, 후세에 전할 만한 정치를 했는데, 나는 아직도 시골뜨기 신세를 면하지 못하고 있으니, 이것이 근심이다. 근심을 하는 만큼 어떻게 행동하겠는가? 순임금처럼 하려고 할 뿐

이다."라고 했다.[2]

 이처럼 유학 전통의 고등학문이 지향하는 목표는 매우 구체적이고 분명하다. 인간다움으로 말하면, 바로 '성현(聖賢)'이다. 현대적 의미로는 한 사회의 '지도급 인사'나 '최고의 교양을 갖춘 사람', 시대를 선도하고 사회의 모범이 되는 '최고 지성(最高 知性, the first Collective Intelligence)'을 뜻한다. 성현은 성인(聖人)과 현인(賢人)을 아울러 지칭한 표현이다. 일반적으로 '성인군자(聖人君子)'라고도 한다. 유학이 제공하는 고등학문의 경전(經傳) 가운데, 성인은 그 기본 뼈대가 되는 '경(經)'을 제공하고, 현인은 그것에 살을 붙인 '전(傳)'을 제공한다.[3] 그래서 옛날부터 '성경현전(聖經賢傳)'이라고 한다.

 전통적으로 성현들은 경전을 만들어 제시한 만큼, 온전한 인간사회에 대한 열정과 희구, 그리고 100%를 능가하는 학문적 노력으로 일관되게 살았다. 『예기』의 표현처럼, "군자는 인간이 추구하는 최고의 길, 도를 향해 전진한다. 그 학문의 과정에서 중도에 쓰러질지라

---

[2] 『朱子語類』卷15: 今學者所以學, 便須是到聖賢地位, 不到不肯休, 方是. 但用工做向前去, 但見前路茫茫地白, 莫問程途, 少間自能到. 如何先立一箇不解做得便休底規模放這裏了, 如何做事. 且下手要做十分, 到了只做得五六分. 下手做五六分, 到了只做得三四分. 下手做三四分, 便無了. 且諸公自家裏來到建陽, 直到建陽方休. 未到建陽, 半路歸去, 便是不到建陽. 聖賢所爲, 必不如此. 如所謂, 君子遵道而行, 半途而廢. 忘身之老也, 不知年數之不足也, 俛焉日有孳孳, 斃而後已. 又曰, 舜爲法於天下, 可傳於後世, 我由未免爲鄕人也, 是則可憂也憂之如何. 如舜而已矣.

[3] 예를 들면, 공자의 언행을 기록한 『論語』 자체가 '經'이라면, 그 주석에 해당하는 『論語集註』에서 '集註'는 '傳'에 해당한다. 기독교의 경우, 하나님과 예수의 언행을 기록한 바이블(Bible), 즉 『舊約聖書』나 『新約聖書』는 '聖經'에 해당하고, 저명한 신부나 목사, 성서학자들이 바이블에 관해 註解한 내용은 傳에 해당한다. 불교에서도 부처의 언행을 기록한 『金剛經』『華嚴經』 등과 같은 佛經을 經이라고 한다면, 저명한 승려나 불교학자들의 佛經에 관한 註解는 傳으로 볼 수 있다.

도, 몸이 늙어가는 것조차 잊어버린다. 세월의 부족함도 모른다. 날마다 열심히 학문에 임하며 부지런하기만 하다. 그런 작업은 목숨이 다할 때까지 진행된다."[4] 그것은 깨달음을 추구하는 수도승이나 하나님의 종으로 헌신하려는 맹세로 기독교 정신을 실천해 나가는 신부나 수녀들 같은, 고고한 성직자를 연상케 한다. 유학의 성현들이 고등학문의 과정에서 내딛는 첫걸음이 다름 아닌 '격물치지(格物致知)'이다.[5]

격물치지(格物致知)에 관한 주자의 구체적인 훈고(訓詁)는 '치지재격물(致知在格物)'을 언급하는 부분에서 확인된다.[6] 주자는 '격(格)'을 '이르다[至]', 또는 '다하다[盡]'와 같은 의미로 풀이하였다.[7] 그리고 '물(物)은 사(事)와 같다.'라고 했다. 여기서 '이르다[至]'는 의미는

---

[4] 『禮記』「表記」: 子曰, 詩之好仁如此, 鄕道而行, 中道而廢, 忘身之老也, 不知年數之不足也, 俛焉日有孶孶, 斃而后已.

[5] 다시 강조하면, '격물'은 어떤 사안을 착수하는 일에 관한 것이고, '지지'는 앎을 얻는 작업이다. 격물은 일을 이해하는 측면이고, 지지는 이 마음이 투철한 차원이다.(『朱子語類』卷15: 格物, 便是下手處, 知至, 是知得也. 格物, 只是就事上理會, 知至, 便是此心透徹.) 이 경지는 다시 아래와 같이 정돈된다. "『대학』의 '물격(物格)-지지(知至)'의 경지는 '범(凡)-성(聖)'의 관문이다. 아직까지 사물의 이치를 제대로 파악하지 못하고, 지식이 정확하지 못한데도 나름대로 재빠르게 대응하는 것이 일반 사람이다. 물격-지지를 할 때, 차근차근 진행하며 그만두지 않아 성현의 경지에 들어설 수 있도록 해야 만이, 늦거나 빠름의 차이가 있더라도, 핵심은 모두 자연스럽게 그 경지를 향해 갈 수 있는 것이다. 지금 사물의 이치를 캐 물어 들어가는데 미진한 부분이 있어, 제대로 지식이 파악되지 않았다면, 반드시 저곳을 경유해더라도, 핵심은 여기에 있을 뿐이다. 예컨대, 문에 문턱이 있는데 아직 넘지 않았다면 문밖에 있는 것과 같은 모양새이다.(『朱子語類』卷15: 大學物格·知至處, 便是凡聖之關. 物未格, 知未至, 如何殺也是凡人. 須是物格·知至, 方能循循不已, 而入於聖賢之域, 縱有敏鈍遲速之不同, 頭勢也都自向那邊去了. 今物未格, 知未至, 雖是要過那邊去, 頭勢只在這邊. 如門之有限, 猶未過得在.)

[6] 『大學章句』「經1章」註: 致, 推極也. 知, 猶識也. 推極吾之知識, 欲其所知無不盡也. 格, 至也. 物, 猶事也. 窮至事物之理, 欲其極處無不到也.

[7] 주자학과 사상적으로 대척점을 형성하고 있는 왕수인(王守仁)은 '격(格)'을 '바르게 하다[正]'로 풀이하였다. 왕수인은 격을 '바르게 하다'는 의미로 이해하여 '마음의 바르지 못함을 바로 잡는 것'으로 해석하였다. 이는 격물을 통한 경험적 지식축적의 성격을 지니는 주자와 다른 철학적 관점으로, 본래 타고난 '양지(良知: 마음)'를 보존하는 심학(心學)적 특성으로 드러난다.

단순하게 '어떤 지점에 미치거나 닿는다.'라는 의미가 아니다. 그것은 '다하다[盡]'라는 뉘앙스가 강하게 배어 있다. 또한 '물(物)'은 명사적 의미의 단순한 물건[things]은 물론 '사(事)'라는 일삼음의 행위 차원, 즉 실천[practise]까지 포괄하고 있다. 예를 들면, 자식이 부모를 모실 때 마땅히 효도를 다하고, 형제자매 사이의 처신에서 마땅히 우애를 다하는 일과 같은 것이 바로 인간의 도리로서 '일삼음[事]'에 해당한다. 따라서 격물(格物)은 문자적으로 '어떤 대상에 이른다.' '물건에 다가가다.' '어떤 일에 관해 인식하다.' '일하고 있는 상황을 파악하다.' 등, 다양한 존재와 현상에 대해, '사물(事物)에 이른다.', 또는 '사물을 다한다.'는 의미로 해석된다.

아울러 주자는 "'치(致)'라는 글자엔 '추출하다', 즉 '미루어 내다.'라는 의미가 있다."[8]라고 하였다. 즉 '치(致)'는 '미루어서 끝까지 간다[推極].'이고 '지(知)'는 '안다[識]'라는 의미로 해석된다. 치(致)는 끝까지 파고 들거나 탐구하는 자세이고, 식(識)은 일반적인 의미의 '마음으로 이해하는 지식' 정도로 인식할 수 있다. 그러므로 치지(致知)는 '지식을 끝까지 미루어서 나아간다.'는 의미에 해당한다. 세상의 모든 존재와 펼쳐진 현상에 대해 캐 물으면서 파고 들어가는 탐구와 조사, 그런 연구 행위를 말한다.

이런 훈고적 인식과 동시에 주자는 보다 심오한 경지의 해석을 부

---

8) 『朱子語類』卷15: 致字有推出之意.

가한다. 특히, 격(格)의 대상인 '물(物)'에 대한 인식에서 그 특징을 보인다. 물(物)은 문자만으로 보면 단순한 '사물'에 불과하다. 분명, 격물(格物)에서 물(物)은 이 세계를 구성하고 있는 각각의 사물을 가리킨다. 그런데 유학자들이 말하는 '격물'의 주안점을 참고로, '격물'의 '물(物)'을 설명할 경우, 구체적인 사례들을 통해 인간사회의 직분(職分)을 설정하여 말하는 것이 보다 적절하고 효율적이다.[9] 그러기에 주자는 물(物)을 그의 철학적 요구에 맞게, 사물의 이치[理], 즉 인간사회의 다양한 직분에 관한 이치를 중점적으로 이해하였다. 그 방법은 직분을 고민하는 이상으로 엄격하다.

    서우: '격물'은 가장 어려운 일입니다. 일상생활에서 어떤 사물을 마주했을 때, 평평하고 곧은 사안은 보기가 쉽습니다. 하지만 서로 뒤섞이고 모호한 것은, 이런 방식으로 구하면 저것이 방해하고, 저런 방식으로 구하면 이것이 방해합니다. 그러니 어찌 세밀하게 궁구하지 않겠습니까?
    주자: 어찌 한 번 만에 어떤 사물에 이르러 깨달을 수 있기를 바라겠는가! 우선 대강 깨달을 수 있기를 희구하여, 먼저 큰 모양이 이러하다는 것을 보고, 바야흐로 그 이면에 나아가 차근차근 세밀하게 살펴야 한다. 예컨대, 나무는 처음에 먼저 속까지 찍어서 넘어뜨리고, 점차 겉에서 껍질을 벗기고 속으로 파고 들면서 세세한 결을 볼 수 있다. 만약, 깨닫기

---

9) 김기현, 『대학-진보의 동아시아적 의미』(사계절, 2002), 141쪽.

어려운 것이건 쉬운 것이건 한꺼번에 전부 이해하려고 한다면, 이러한 이치를 깨달을 수 없다. 다만, 그 대강을 잃지 않는다면, 이해가 깊어지고, 그 이면도 한층 더 깊어짐을 알 수 있다. 일의 자세함으로 말한다면, 하나의 일을 이해하고, 또 하나의 일을 이해해 나가는 것이다. 이치의 얕고 깊은 것으로 말한다면, 이해가 깊어지고 한층 더 깊어지는 것이다. 이해는 모름지기 끝까지 파고들어 파악하고 장악할 때 가능하다. 『중용』에서 말한, '널리 배우고, 자세히 물으며, 신중히 생각하고, 밝게 분변하는' 네 절목의 차례를 이루어야, 이런 격물이 가능하게 된다.

어떤 사람이 물었다. "격물은 학자가 처음 도(道)에 들어가는 방법인데, 어떻게 힘을 다해야 합니까?" 그러자 주자가 대답했다. "어떤 일을 마주했을 때, 사물과 접촉하는 사이에 반드시 하나하나 이해해야 비로소 깨닫게 된다. 정미한 사안에 대해 이해하지 못하는 것은 거친 부분부터 엄격하게 다루지 않았기 때문이다. 큰 부분을 이해했다고 하여, 작은 부분을 더 이상 묻지 않는다면, 그만큼 결함이 있게 마련이다. 그러므로 어떤 일이건 일일이 마주하며, 하나하나 끝까지 확인해 나가야 자연스럽게 분명해진다.

또 어떤 사람이 물었다. "세상에 조그마한 재주를 가진 사람이 있는데, 사물을 탐색하면서도 자세히 살펴보고 연구하는데, 이런 사람을 보고 어떻게 그렇지 못한 나보다 이익이 없다고 할 수 있는지요?" 주자가 말하였다. "그가 인식한 사안은 성인도 이해한다. 하지만 그가 인식한 것과 성인이 이해한 내용이 동일한 의미는 아니다. 저 사람이 하는 것은, "타인이 이해할 수 없는 것을 나는 이해했고, 타인이 능숙하지 못한 것을 나는 능숙하다."라고 남에게 말하기를 바랄 뿐, 오히려 자기 자신도 넘어서지 못하는 짓이다. 주나라의 문왕이나 무왕의 도가 아직 땅에 떨어지지 않아 사람들에게 전해지고 있다. 현명한 사람은 그 가운데 중요한 것을 기억하고, 어리석은 자들은 사소한 것을 기억한다. 어떤 형태건 문왕이나 무왕의 도를 갖고 있지 않음이 없다. 이런 상황에서 성인이 무슨 일인들 이해하지 못하겠는가? 다른 사람과 이해하고 취하는 내용이 같지 않을 뿐이다.[10]

이런 점에서 주자의 학문은, 얼핏 보기에 객관적인 과학적 논구처럼 느껴진다. 그러나 심도 있게 살펴보면, 그것은 철저하게 학술적 엄밀성을 거친 '도리(道理)와 체계를 갖춘' 학문이다. 사물의 당연한 이치를 다루는 학문으로, '군주-신하' 사이의 상하관계를 기축으로 전개된, 사회적·인간적 관계, 즉 '직분' 또는 '분수'[分]로서의 도리에

---

10) 『朱子語類』卷15: 問, 格物最難. 日用間應事處, 平直者卻易見. 如交錯疑似處, 要如此則彼礙, 要如彼則此礙, 不審何以窮之. 曰, 如何一頓便要格得恁地. 且要見得大綱, 且看箇大胚模是恁地, 方就裏面旋旋做細. 如樹, 初間且先斫倒在這裏, 逐旋去皮, 方始出細. 若難曉易曉底, 一齊都要理會得, 也不解恁地. 但不失于大綱, 理會一重了, 裏面又見一重. 一重了, 又見一重. 以事之詳略言, 理會一件又一件. 以理之淺深言, 理會一重又一重. 只管理會, 須有極盡時. 博學之, 審問之, 愼思之, 明辨之, 成四節次第, 恁地方是. 或問, 格物是學者始入道處, 當如何著力. 曰, 遇事接物之間, 各須一一去理會始得. 不成是精底去理會, 粗底又放過了. 大底去理會, 小底又不問了. 如此, 終是有欠闕. 但隨事遇物, 皆一一去窮極, 自然分明. 又問, 世間有一種小有才底人, 於事物上亦能考究得仔細, 如何卻無益於己. 曰, 他理會底, 聖人亦理會, 但他理會底意思不是. 彼所爲者, 他欲人說, 他人理會不得之, 我理會得. 他人不能者, 我能之, 卻不切己也. 文武之道, 未墜於地, 在人. 賢者識其大者, 不賢者識其小者, 莫不有文武之道焉. 聖人何事不理會, 但是與人自不同.

관한 것이다. 그러므로 격물치지라는 학문방법론은 과학적·논리적인 탐구와 달리, 실천적 태도를 저변에 깔고 있다.

모든 사물이나 인간사회의 질서체계, 행위, 직분에는 그에 해당하는 이치가 존재한다. 격물은 바로 그런 이치를 파악하는 작업이다. 그리고 치지는 이런 사물의 이치를 파악하여, 지식을 궁극으로 밀고 나가면서 완벽하게 완성되도록 노력하는 작업이다. 격물이 지식을 '파악(把握)'하기 위한 시작단계라면, 치지는 지식을 파악하는 동시에 '장악(掌握)'하는 종결단계이다. 이런 논리에서 본다면, '격물'의 중요성이 분명해진다. 격물을 하면, 당장 사물에 대해 모두 알 수는 없다 하더라도, 사물이 도래할 때, 중요한 사안에 대해서는 조금이라도 더 확실하게 파악하여 정돈할 수 있다. 사소한 사항에 대해서는 뒤로 미루어 둘 수 있다. 때문에 사물의 파악단계에서 명확하게 사물을 낱낱이 검증하여 딱 부러지게 적중하지는 않더라도, 사물자체의 내용을 벗어나 엉뚱한 사안으로 엽등(躐等)하지는 않을 것이다.[11] 이는 지식이 일정한 수준에 도달하면 더욱 깊고 넓게 탐구되고, 나아가 다른 지점으로 전이되는 사태를 가져온다. 이미 획득한 지식을 토대로, 점차 심도를 더하며 지식의 지평을 넓혀가는 작업이다. 이른바 지적 활동의 무대와 지평, 즉 학문을 확대하는 끊임없는 연구행위가 구현된다. 그 과정을 설명하는 구체적 대화가 있다.

---

11) 『朱子語類』卷15: 若格物, 則雖不能盡知, 而事至物來, 大者增些子, 小者減些子, 雖不中, 不遠矣.

증조도: 어떻게 앎에 이릅니까? 그리고 어떻게 사물에 나아갑니까?

주자: 어린아이는 그 부모를 사랑할 줄 알고, 자라나면서 그 형제자매를 공경하며 우애를 나눌 줄 안다. 사람은 모두 이런 기본적인 도덕 윤리를 인지하고 있다. 그러나 그 알고 있는 내용을 제대로 실행하지 않는다. 왜냐하면 인간의 욕망이 그것을 방해하기 때문이다. 그러므로 배우는 사람은 반드시 그 앎에 이르기 위해 먼저 인간의 욕망을 극복해야 한다. 그러면 밝혀지지 않을 것이 없다. '격물치지(格物致知)'에서 '치(致)'자는 '미루어 헤아려 열어가는 일'과 같다. 비유컨대, 어두운 방에서 조금 밝은 곳을 보게 되면, 이 밝은 곳을 따라 사물을 찾아가기 마련이다. 홀연히 밖으로 나오게 되면, 그 밝음이 얼마나 크고 작은지, 그 규모를 알게 된다. 사람이 알아가는 과정도 또한 이와 같다. 격물(格物)은 '임금이 인에 그쳐 머무는 일이고, 신하가 경에 그쳐 머무는 일이다.'와 같은 부류이다. 모든 존재나 현상은 제각기 하나의 기준이나 이치, 도리와 같은 지극한 곳이 있다. 이른바 '그친다.'에서 '지(止)'라는 것이 그 지극한 곳이다. 존재나 현상이 지닌 이치를 제대로 파악하여 장악할 때, 비로소 그 존재나 현상에 부합하게 머물 수 있다. 만약, 80%를 얻었지만 20%의 미진함이 있다면, 제대로 파악하여 장악하지 못했으므로, 다한 것이 아니다. 반드시 100%를 충족해야 얻을 수 있다. 이때 중요하게 알아야 할 사안이 있다. '사물을 인식하여 아는 일은 나에게 있다! 그 존재와 현상에 대한

이치는 사물자체에 존재한다!'[12]

이런 차원에서 주자는 『대학장구』「전(傳)」5장에서, 그 유명한 「격물보전(格物補傳)」을 조심스럽게 마련한다.[13] 주자가 이 「보전」을 삽입한 이유는 의외로 간단하다. 『대학』을 '장(長)'과 '구(句)'로 정돈하면서 살펴보니, '격물치지(格物致知)'에 관한 '전문(傳文)'이 없었기 때문이다. 이에 주자는 이전에 정자가 해석한 『대학』 관련 자료들을 탐색하고, 앞뒤 문맥을 고려하여, 『대학』의 8조목 가운데 '격물치지'에 관한 풀이를 보충하였다. 글은 모두 134글자에 해당하는 짧은 내용이지만, 그 사유의 흔적은 장구(長久)했다. 새롭게 정돈하여 보완한 만큼, 분명하면서도 새로운 사유를 제공한다. 그것은 신유학(新儒學)이라는 전통 고등학문의 시발점을 제시하면서도, 성리학의 집대성, 이른바 주자학을 탄생시키는 위대한 내용을 담고 있다.

이른바 '앎을 지극하게 이룸이 사물의 이치에 이르는 데 있다.'라고 하는 말은 다음과 같은 의미이다. 나의 앎을 지극하게 이루려고 한다면, 사물에 나아가 그 이치를 끝까지 캐 물어 파고 들어가는 데 있다는 말이다.

---

12) 『朱子語類』卷15: 問, 知如何致? 物如何格. 曰, 孩提之童, 莫不知愛其親. 及其長也, 莫不知敬其兄. 人皆有是知, 而不能極盡其知者, 人欲害之也. 故學者必須先克人欲以致其知, 則無不明矣. 致字, 如推開去. 譬如暗室中見些子明處, 便尋從此明處去. 忽然出到外面, 見得大小大明. 人之致知, 亦如此也. 格物是爲人君止於仁, 爲人臣止於敬之類. 事事物物, 各有箇至極之處. 所謂止者, 卽至極之處也. 然須是極盡其理, 方是可止之地. 若得八分, 猶有二分未盡, 也不是. 須是極盡, 方得. 知在我, 理在物.
13) 『大學章句』傳5章 註: 間嘗竊取程子之意, 以補之, 日補傳(중간에 외람되게 정자의 뜻을 따라 글을 보충하고 보전이라 했다.)

대개 인간의 마음, 그 신령함은 모두 인식할 수 있는 능력을 지니고, 천하의 사물은 모두 이치가 존재한다. 하지만 오직 이치를 끝까지 캐 물어 파고 들어가지 못한 부분이 있다. 때문에, 그 앎이 다하지 못한다. 따라서 『대학』을 처음 교육할 때, 고등학문에 임하는 사람들은 반드시 세상의 여러 존재와 현상에 나아가, 그가 이미 아는 이치를 따라서 끝까지 캐 묻고 파고 들어가 모조리 파악하도록 해야 한다. 그와 같이 연구에 힘을 오래 써서 하루아침에 훤하게 꿰뚫어 장악하는 데까지 이르게 되면, 모든 사물의 겉과 속, 그리고 세밀한 곳과 거친 곳을 알지 못한 곳이 없고, 내 마음의 전체와 큰 작용이 밝혀지지 않은 곳이 없다. 이를 일러 '사물이 이치에 이르렀다.'라 하고, '앎이 지극해졌다.'라고 한다. [14]

이러한 주자의 새로운 학설은, 격물치지(格物致知)로부터 평천하(平天下)에 이르는 수양과 행위의 논리를, 명실상부하게 그 첫머리에 놓여 있는 '격물치지'를 통해 바라보려는 의도를 포함한다.[15] 그것은 인식주관인 인간이 인식대상인 사물에 다가간다는 의미이다.

'격물-치지'라는, 지식을 파악하고 장악하는 작업은 '모조리 다하다'[盡]라는 강조를 통해, 사물의 이치를 끝까지 캐 묻고 파고 들어가

---

14) 『大學章句』『格物補傳』: 所謂致知在格物者, 言欲致吾之知, 在卽物而窮其理也. 蓋人心之靈, 莫不有知而天下之物, 莫不有理. 惟於理有未窮, 故其知有不盡也. 是以大學始教, 必使學者, 卽凡天下之物, 莫不因其已知之理而益窮之, 以求至乎其極. 至於用力之久, 而一旦豁然貫通焉, 則衆物之表裏精粗, 無不到, 而吾心之全體大用, 無不明矣. 此謂物格, 此謂知之至也.
15) 윤천근, 「대학 해석을 둘러싼 주자학과 양명학의 갈등」, 중국철학연구회, 『논쟁으로 보는 중국철학』 (예문서원, 1994), 272쪽.

면서, 모든 의문을 없애는 탐구의 극치를 보여준다.[16] 다시 강조하지만, '격물(格物)'에서 '격(格)'은 '다한다!'라는 뜻이다. '다한다!'는 말은 끝까지 캐 묻고 파고 들어가 완전하게 파악하고 장악하여 요리할 수 있다는 의미이다. 그것이 간단하게 '사물의 이치를 다한다.'라는 구절로 표현되었다. 어떤 존재나 현상에 대해 30%나 20%만 캐 묻는다면, 이는 격물이라 할 수 없다. 반드시 100%를 모두 캐 묻고 샅샅이 뒤져 파고 들어가 밝혀내야 격물이다.[17] 격물과 바로 연결되어 이행되는 치지는 격물의 자연스런 발로이다. 치지에 대한 다음과 같은 이해와 설명이 그런 관계를 대변한다.

기원: '치지'라는 것은 사물의 이치를 미루어 아는 일입니다. 그런데 무슨 일에 나아가 그 이치를 미루어 지극히 합니까?
주자: 눈앞에 접촉하여 마주하는 것이 사물이다. 일마다 제 각기 합당한 이치가 있는 만큼 그것을 알려고 해야 한다. 그것을 알지 못하면 사물을 분명하게 파악할 수 없다. 알게 되면 어떻게 해야 할지를 결정할 수 있다. 이렇게 되면, 두 번 세 번 알려고 반복할 일이 없다. 사물의 도리를 명백하게 보지 못하고 소홀히 하여, 되는 대로 생각하여 멋대로 행한다면, 사물의 이치나 도리의 가장 합당한 '제일의(第一義)'를 행하지

---

16) 정인재, 「유학의 실재관」, 『동서양의 실재관』(한국정신문화연구원, 1994), 73쪽.
17) 『朱子語類』卷15: 格物者, 格, 盡也, 須是窮盡事物之理. 若是窮得三兩分, 便未是格物. 須是窮盡得到十分, 方是格物.

못한다.

조숙원: '제일의'가 무엇입니까?

주자: 앞에서 언급한 것처럼, "임금이 되어서는 인(仁)에 그치고, 신하가 되어서는 경(敬)에 그치고, 자식이 되어서는 효(孝)에 그치는" 부류를 말한다. 결정하는 일이 사안에 합당하게 되어야지 이와 같지 않으면 정당성을 얻지 못한다. 또 조정에서는 모름지기 '관료로 종사하는 군자는 나아가고, 그럴 수 없는 소인은 물러나는' 일과 같은 것이 바로 '제일의'이다. 공이 있으면 그에 합당하게 결정하여 상을 주고, 죄가 있으면 그에 상응하게 결정하여 벌을 주는 일도 이에 해당한다. 여기에서 더 이상 소인이 쓸 수 있는 이치도 없고, 더 이상 소인을 포함하는 이치도 없다. 이런 깨달음이 없을 경우, 소인은 버릴 수 없다고 말하고 쓸 수 있는 이치가 있다고 말한다. 이 모두가 이치에 부합하지 않는 '제이의(第二義)'·'제삼의(第三義)'이니 어떻게 좋아할 수 있겠는가! 만약, 일마다 도리를 다한다면, 일마다 '제일의'를 갖게 되어, 무슨 일을 하건, '굳세고 방정하며 올바르고 크게 되지 않겠는가! 이는 또한 학문하는 일과 같으므로, '마땅히 성현이 되어야 한다.'라고 결정했다면 이것이 제일의이고, 이에 합당하게 점점 나아갈 곳이 있게 된다. 만약, 자신이 도를 행할 수 없는 것이라 말하고는, 자기 분수에 맞게 한다고 하면서 모호하게 행하는 일과 같은 것이야말로 깨달음이 다하지 못한 것이다. 『맹자』에서 언급했듯이, "순임금이 요임금을 섬기던 자세로 군주를 섬기지 않는다면 그 군주를

해치는 것과 같고, 요임금이 백성을 다스리던 자세로 백성을 다스리지 않는다면 그 백성을 해치는 것과 같다."라고 하는 것은, 자신이 스스로 할 수 없는 자라고 말하는 것과 같으므로, 자신을 해치는 자이다.

반드시 기억하라. '앎을 미루어 이르는 일은 참된 앎을 구하는 근거이다!' '참된 앎은 뼈에 사무치도록 전부를 투철하게 깨닫는 작업이다!'

서우: '치지(致知)'는 '이르러 살펴는 일'이 아닙니까?

주자: 독서를 할 때는 그 뜻을 구하라! 일을 할 때는 그 합당함을 구하라! 사물을 접하고 마음을 지켜, 그 옳고 그름과 잘못되고 올바름을 관찰하는 일과 같은 것이 모두 치지에 해당한다. '치지'는 바로 '본심의 앎'이다! 하나의 거울과 같아서 본래는 전체가 투명한데 더럽혀져서 흐려졌을 뿐이다. 지금 희미하게 되어 있는 것을 제거해 나가면 사방을 두루 비출 수 있으므로, 그 밝음이 이르지 않는 곳이 없다. '치지'를 하는데 무슨 기약이 있겠는가! '치지'공부는, 이미 아는 것에 근거하여, 깊은 뜻을 곰곰이 생각하여 찾아, 미루어 넓혀가는 일일 뿐이다. [18]

---

18) 『朱子語類』卷15: 器遠問, 致知者, 推致事物之理. 還當就甚麼樣事推致其理. 曰, 眼前凡所應接底都是物. 事事都有箇極至之理, 便要知得到. 若知不到, 便都沒分明. 若得知到, 便著定恁地做, 更無第二著·第三著. 止緣人見道理不破, 便恁地苟簡, 且恁地做也得, 都不做得第一義. 曹問, 如何是第一義. 曰, 如爲人君, 止於仁, 爲人臣, 止於敬, 爲人子, 止於孝之類, 決定著恁地, 不恁地便不得. 又如在朝, 須著進君子, 退小人, 這是第一義. 有功決定著賞, 有罪決定著誅. 更無小人可用之理, 更無包含小人之理. 惟見得不破, 便道小人不可去, 也有可用之理. 這都是第二義·第三義, 如何會好. 若事事窮得盡道理, 事事占得第一義, 做甚麼剛方正大. 且如爲學, 決定是要做聖賢, 這是第一義, 便漸漸有進步處. 若便道自家做不得, 且隨分依稀做些子, 這是見不破. 所以說道, 不以舜之所以事堯事君, 賊其君者也. 不以堯之所以治民治民, 賊其民者也. 謂吾身不能者, 自賊者也. 致知所以求爲眞知. 眞知, 是要徹骨節見得透. 問, 致知莫只是致察否. 曰, 如讀書而求其義, 處事而求其當, 接物存心察其是非·邪正, 皆是也. 致知乃本心之知. 如一面鏡子, 本全體通明, 只被昏翳了, 而今旋旋磨去, 使四邊皆照見, 其明無所不到. 致知有甚了期! 致知工夫, 亦只是且據所已知者, 玩索推廣將去.

이때의 격물은 부분적이고 작은 것, 즉 사물 하나하나에 대한 구체적이고 자세한 이해이다. 치지는 전체를 모두 아는 것으로, 마음에서 포괄적으로 이해하는 문제이다. 다시 말하면, 격물은 하나의 사물에서 하나의 이치만을 궁구하는 작업이다. 치지는 사물의 이치를 모두 캐 묻고 낱낱이 파고 들어 얻은 뒤에 나의 지식을 온전히 하는 일이다. 그러므로 사물에 대해 부분적으로 대강이 아니라 전체를 모조리 알았을 때, 앎이 완성된다. 지식을 획득하여 터득하면서 확보한다!

'치지'는 '지식을 모조리 캐 묻고 파고 들어가 안다!'라는 의미이다. 즉 '조금이라도 미진함이 없는' 지식의 터득이자 장악이다. 때문에 확보한 지식을 지키면서 잠깐이라도 벗어남이 없다. 치지는 하나의 사안에서 30%만 이해했다면, 이 30%를 이해한 것은 진실이지만, 알지 못한 나머지 70%는 거짓인 것과 같다. 선하다는 말은 100%의 선이 좋음을 아는 일이다, 90%를 알고 10%가 미진할 경우, 이 10%의 미진함은 분명히 하지 못하고 일시적으로 미봉하는 것의 뿌리가 된다. 잠시 했던 말일지라도 악하다면 거리낄 것은 없겠지만, 바로 뜻이 불성실하게 된다. 치지를 귀하게 여기는 까닭은 끝까지 캐 묻고 파고 들어 이르는 작업을 '치'라 하기 때문이다. 때로는 사소한 것을 얻고 중요한 것을 잃는다. 작은 것을 얻고 큰 것을 잃기도 한다. 처음에는 얻고 나중에는 잃는다. 이것은 얻고 저것은 잃는다. 자기는 얻지만 다른 사람은 잃게 된다. 이런 일이 반복될 경우, 마지막에 가서 확인해 보면, 그 연구한 만큼의 깊고 얕은 부분이 있게 마련이다. 치지는 어떤 사안에 미진함이 없게 하는 작업이다. 어떤 사물에 대해 알지 못함이 없도록 하는 일이다. 마음으로 징험하라! 몸으로 체험하라! 남김없이 이해하라! 그렇게 했다면, 그 학문연구는 단단하고 알차게 된다.[19]

이와 같은 차원에서 격물치지의 의미를 다음과 같이 요약하여 해석할 수 있다.[20]

첫째, 사물에 이르는 공부는 '지식 터득'을 중심으로 하는 일종의 마음 수련이다. 그것은 이미 알고 있는 이치로부터 아직 알지 못하는 영역에로 지식을 점차 확대해 가는 작업이다.

둘째, 이미 알고 있는 이치, 예컨대 부모-자식 사이의 사랑이나 도살장으로 끌려가는 소를 보고 불쌍히 여기는 마음과 같은 것을, 다른 영역으로 확장하면, 나라를 다스리는 도리에서 우주의 법칙이나 조화, 다양한 물리적 현상까지도 파악할 수 있다.

셋째, 이치는 사물 가운데 반드시 깃들어 있다. 그것은 모두 내 마음의 열망과 노력으로 밝힐 수 있다. 사물의 이치를 파악하고 장악하

---

19) 『朱子語類』卷15: 致知, 無毫釐之不盡. 守其所止, 無須臾之或離. 致知, 如一事只知得三分, 這三分知得者是眞實, 那七分不知者是虛僞. 爲善, 須十分知善之可好, 若知得九分, 而一分未盡, 只此一分未盡, 便是鶻突苟且之根. 少間說便爲惡也不妨, 便是意不誠. 所以貴致知, 窮到極處謂之'致'. 或得於小而失於大, 或得於始而失於終, 或得於此而失於彼, 或得於己而失於人, 極有深淺. 惟致知, 則無一事之不盡, 無一物之不知. 以心驗之, 以身體之, 逐一理會過, 方堅實.
20) 錢 穆(이완재·백도근 역), 『주자학의 세계』(이문출판사, 1989), 166-168쪽.; 백연욱 외 역해, 『大學·中庸』(홍신문화사, 1975), 117쪽.

여 응용할 수 있는 바탕을 마련할 수 있다.

넷째, 사람의 마음으로 저절로 알 수 있는 지식은 격물치지의 학문으로 보기 어렵다. 예컨대, 부모와 자식 간의 사랑은 이치를 캐 묻고 파고 들어간 후에 인식할 수 있는 사안이 아니다. 자연발로에 해당한다. 때문에 반드시 이치를 캐 물어 들어간 후에 터득한 내용이라야 비로소 속속들이 꿰뚫어 볼 수 있는 진정한 지식이 된다.

다섯째, 사물에 이르는 공부는 겉과 속, 세밀하고 거친 것을 포괄하고 구체적으로 진행되며 온전한 지식에 도달해야 한다.

요컨대, '격물치지(格物致知)'는 '사물의 이치에 궁극까지 이르는 일'이다. 각각의 사물에 따라 그 각각의 사물의 이치[理]를 궁구하고, 그런 이치의 극치에 도달하는 연구행위이다. 즉 지식을 '인식(認識)'하는 행위이자 '파악'하고 '장악'해 나가는 일련의 과정이다. 그것은 고등학문에서 추구하는 지식완성의 요건이다. 그 학문적 바탕이 삶을 응용해 나가는 지혜의 뿌리가 된다.

2. 자기 의지와 정체성 확립;
   성의(誠意)-정심(正心)-수신(修身)

이제, '격물치지(格物致知)'를 바탕으로 고등학문의 응용(應用)단계에 들어선다. 응용은 학문의 활용(活用)인 동시에 심화(深化)이다. '격물치지(格物致知)'라는 지식의 '인식(認識: knowledge, realization, understanding)-파악(把握: grasp, comprehend)-장악(掌握: dominate, seize, capture)'을 기초로, 그것을 융·복합하고 용융(鎔融)하여 적용(適用)한다. 외부에 존재하는 사물을 내부로 끌어당겨 심신(心身)에 녹여 넣는다. 그리고 그것은 마음이라는 스펙트럼을 거쳐 새로운 양상으로 다져진 후, 다시 외부로 투영된다. 그 도정의 핵심에 자리하는 학문행위가 '성의(誠意)-정심(正心)'이다.

주자의 훈구학적 주석에 의거하여 성의(誠意)를 이해하면, 성(誠)

은 '성실함[實]'이고 의(意)는 '마음이 펼쳐지는 일'이다.[21] 즉 성의는 마음이 펼쳐지는 것을 성실하게 하는 일이다. 그것은 다음과 같은 해석에서 보다 명확해진다. 성(誠)은 크게 '망령됨이 없다.'라는 '무망(無妄)'과 '속이지 않는다.'라는 '무기(無欺)'의 두 개념으로 대변되기도 하고,[22] '텅 빈 것[虛]' 가운데 '실제[實]'를 구해 내는, 마음 전체를 드러내는 언표이기도 하다. 이는 '진실하면서 망령됨이 없다.'라는 '진실무망(眞實無妄)'이라는 말로 대표된다. 이런 주석의 근거를 제시한 『대학장구』의 구절은 다음과 같다.

> 그 뜻을 성실하게 함은 스스로를 속이지 않는 일이다. 나쁜 냄새를 미워하는 듯이 하며, 좋은 색을 좋아하는 듯이 하는 것, 이를 스스로 유쾌하고 만족함이라고 한다. 그러므로 군자는 반드시 그 혼자인 데를 삼간다.[23]

주자는 '뜻을 성실히 함'을 자기수양의 최고 가치로 여겼다. 그리고 두 개의 '스스로[自]', 즉 '스스로를 속이지 않음'의 '무자기(毋自欺)'와 '스스로 유쾌하고 만족함'의 '자겸(自謙)'을 중심으로 공부해야 한다고 강조하였다. 이는 자기학습, 또는 자기연구의 중요성을 암시한다.

---

21) 『大學章句』「經1章」註: 誠, 實也. 意者, 心之所發也.
22) 『大學章句』「經1章」註: 實其心之所發, 欲其必自慊而無自欺也.
23) 『大學章句』「傳6章」: 誠其意者, 毋自欺也. 如惡惡臭, 如好好色, 此之謂自謙. 故君子必愼其獨也.

요컨대, '성의'의 최고 요건은 스스로를 속이지 않는 일로, 자기충실과 정성으로 충만한 진실의 세계와 맞닿는다. '스스로를 속이지 않음'을 위한 주자의 경고는 다양하다.

> 요즘 사람들은 선(善)을 행하려고 해도, 선을 행하고 싶지 않은 뜻에 의해 방해받는다. 악(惡)을 없애려고 해도, 또한 악을 행하려는 뜻에 의해 방해받는다. 대개 그 앎이 절실하지 못하기 때문에, 선을 행하는 일은 그 마음으로 승낙하거나 뜻에서도 기꺼워하지 않는 것이 된다. 악을 없애는 일 또한 그 마음으로 승낙하거나 뜻에서 기꺼워하지 않는 것이 된다. 이런 사안이 스스로를 속이는 일이고, 성실하지 못한 상황이다. 뜻이 성실하지 않으면, 마음에 '분치(忿懥)·공구(恐懼)·우환(憂患)·호요(好樂)'가 있어 바른 마음을 가지지 못한다. 마음이 바르지 않으면, 사랑하고 미워하는 일과 같은 것은 한쪽으로 치우치지 않을 수 없다. 이런 상황에서, 어떻게 집안이 가지런해 지고, 나라가 다스려지며, 세상이 평온해지기를 바라겠는가? 앎이 절실하면, 선을 좋아하기를 반드시 예쁜 여자를 좋아하듯 하고, 악을 미워하기를 반드시 역겨운 냄새를 싫어하듯 한다. 이는 다른 사람을 위해 그렇게 하는 것이 아니다. 가슴속이 실제로 이와 같아야 마음이 가득차고 뜻이 상쾌해지기 때문이다.[24]

---

[24] 『朱子語類』卷16: 今人雖欲爲善, 又被一箇不欲爲善之意來妨了. 雖欲去惡, 又被一箇尙欲爲惡之意來妨了. 蓋其知之不切, 故爲善不是他心肯肯, 去惡亦不是他心肯肯. 這箇便是自欺, 便是不誠. 意才不誠, 則心下便有許多忿懥·恐懼·憂患·好樂而心便不正. 心旣不正, 則凡有愛惡等事, 莫不倚於一偏. 如此, 如何要家齊·國治·天下平? 惟是知得切, 則好善必如好好色, 惡惡必如惡惡臭. 是非爲人而然, 蓋胸中實

'그 뜻을 성실하게 함은 스스로를 속이지 않음'이라 하였는데, 이는 성인의 말 가운데 핵심에 해당한다. 그만큼 정곡을 찌르는 말로 뾰쪽하고 날카로운 물건과 같다. 『중용』에서 성(誠)을 논의한 곳을 보면,25) 한결 같으면 성(誠)이고, 잡다하게 섞이면 거짓이다. 하나의 마음일 뿐이니 바로 성이다. 두 개의 마음이 있으면 스스로를 속이는 것이다. 선을 좋아하기를 '예쁜 여자를 좋아하듯'하고, 악을 미워하기를 '역겨운 냄새를 싫어하듯' 하니, 그렇게 철저한 것이, 단지 이 하나의 마음으로 스스로 만족하는 일이라 하는 것이다. 만약, 조금이라도 섞인 것이 있다면, 곧 두 개의 마음이 되니, 바로 스스로를 속이는 일이다. 예컨대, 자신은 선을 행하려고 하는데, 뒤에서 또 어떤 사람이 여기에서 네가 선을 행하지 않도록 비트는 것과 같고, 악을 미워하려는데, 또 어떤 사람이 여기에서 네가 악을 미워하지 못하도록 비트는 것과 같다. 이런 것이 곧 스스로를 속이는 일이다. 또 예컨대, 어떤 사람이 10개의 구절의 말을 하는데 9개의 구절은 실제이고, 1개 구절은 헛소리라면, 그 9개 구절의 실제적인 일이 1개 구절의 헛소리에 의해 모두 무너진다. 예를 들어, 100%의 금은 완벽한 것이므로 순금[眞金]이라 한다. 그런데 그 가운데 30%의 은이 섞여 있다면, 나머지 70%의 금도 순금의 차원에서 보면 그 특성이 무너진다.[26]

欲如此, 而後心滿意愜.

25) 『中庸章句』20章 註: 達道者, 天下古今所共由之路, 卽書所謂五典. 孟子所謂父子有親, 君臣有義, 夫婦有別, 長幼有序, 朋友有信, 是也. 知所以知此也, 仁所以禮此也, 勇所以強此也, 謂之達德者. 天下古今所同得之理也, 一則誠而已矣. 達道, 雖人所共由, 然無是三德, 則無以行之. 達德, 雖人所同得, 然 一有不誠, 則人欲間之, 而德非其德矣. 程子曰, 所謂誠者, 止是誠實此三者, 三者之外, 更別無誠.

26) 『朱子語類』卷16: 所謂誠其意者, 毋自欺也, 此是聖人言語之最精處, 如箇尖銳底物事. 中庸論誠處, 而曰,

그렇다! 고등학문의 과정에서 90%의 올바른 뜻과 행동을 했다하더라도, 10%의 개인적 욕심이나 이익 추구가 섞였다면, 이는 학자로서 스스로를 속이는 일이다. 왜냐하면 아무리 선한 일을 행하더라도 10%의 나쁜 생각이 그 사이에 잠재되어 있을 경우, 나중에 사악함으로 펼쳐질 우려가 있기 때문이다. 이런 차원에서 '성의(誠意)'공부는 모든 개별행위의 최초의식 상태인 '의념(疑念)'에 개인적 의견이 끼어들지 못하게 하는 수양공부이다.[27]

'스스로를 속이지 않음'으로 '스스로 유쾌하고 만족함'에 대한 주자의 해석도 의미심장하다. '스스로 유쾌하고 만족함'은 어떤 사물에 대해 좋아하고 미워할 때, 자연스럽게 유쾌하고 만족한다. 착한 일을 하고 나서 자기만족을 느끼거나 유쾌해 하는 차원이 아니다. 이는 사물에 대한 인간의 자기충실이지 남에게 보이기 위한 가식(假飾)이 아니다. 그것은 타인을 위해서가 아니라 자신만이 느낄 수 있는, 일종의 '뿌듯한 마음'이다.[28] 스스로에게 부끄러움이 없는 마음으로, 자기를 위한 학문인 '위기지학(爲己之學)'의 핵심이 된다.

다음으로 정심(正心)과 수신(修身)의 문제이다. 이는 '수신재정기심(修身在正其心)'을 언급하는 부분에서 확인된다.

一則誠, 雜則僞. 只是一箇心, 便是誠. 才有兩箇心, 便是自欺. 好善如好好色, 惡惡如惡惡臭, 他徹底只是這一箇心, 所以謂之自慊. 若才有些子間雜, 便是兩箇心, 便是自欺. 如自家欲爲善, 後面又有箇人在這裏拗你莫去爲善, 欲惡惡, 又似有箇人在這裏拗你莫要惡惡, 此便是自欺. 如人說十句話, 九句實, 一句脫空, 那九句實底被這一句脫空都壞了. 如十分金, 徹底好方謂之眞金, 若有三分銀, 便和那七分底也壞了.

27) 김기현, 『대학-진보의 동아시아적 의미』(사계절, 2002), 147쪽.
28) 박완식, 『大學』(여강, 2005), 144쪽.

몸을 닦는 일이 그 마음을 바르게 하는 데 있다는 것은, 마음에 분하고 성내는 바를 두면 그 바름을 얻지 못하고, 두려워하고 무서워하는 바를 두면 그 바름을 얻지 못하며, 좋아하고 즐겨하는 바를 두면 그 바름을 얻지 못하고, 근심하고 걱정하는 바를 두면 그 바름을 얻지 못한다. [29]

마음은 몸의 주인이다.[30] 주체이자 주관이며 조절을 담당하는 센터이다. 때문에 '몸을 닦는다!'는 말은 '마음을 닦는다!'는 표현에 포괄된다. 엄밀히 말하면, 마음의 본체는 바르지 않음이 없다. 마음을 바르게 한다는 말은 그 마음의 '작용'을 바르게 한다는 의미이다. 그것의 기본 조건이 '분함과 성냄, 두려워함과 무서워함, 좋아함과 즐거워함, 근심과 걱정'이라는 네 가지 마음의 작용을 털어버리는 일이다. 이는 인간의 욕망과 연관된다. 욕망을 조절하는 문제는 유학이라는 고등학문의 최대 고민이었다. 그런 만큼, 주자는 '분함과 성냄, 두려워함과 무서워함, 좋아함과 즐거워함, 근심과 걱정', 즉 '분치(忿懥)·공구(恐懼)·호요(好樂)·우환(憂患)'에 대해 진지하게 논의한다. 아래의 몇 가지 사유를 통해, 생각을 가다듬어 보자.

'분치(忿懥)·공구(恐懼)·호요(好樂)·우환(憂患)', 이 네 가지는 모두 사람

---

29) 『大學章句』「傳7章」: 修身在正其心者, 身有所忿懥, 則不得其正, 有所恐懼, 則不得其正, 有所好樂, 則不得其正, 有所憂患, 則不得其正.
30) 『大學章句』「經1章」註: 心者, 身之所主也.

이 지니고 있는 것으로, 쉽게 없앨 수 없는 사안이다. 그 바름을 얻어야 하는데, 그럴 수 없는 것이 있으므로, 사물을 마주할 때 사사로운 마음을 지녀서는 안 된다. 기뻐할만한 일이 있어 스스로 기뻐하는데, 갑자기 노여워할만한 일을 한 가지라도 보게 되면 당연히 노여워할 수 있다. 하지만, 이 기뻐하는 마음으로 일을 처리하여 그 노여워하는 일과 합쳐서 기뻐할 경우, 이는 그 바름을 얻지 못한 것이다. 반대로 노여워할 만한 일 또한 그러하다. 그 뜻을 성실히만 하면, 참으로 빈 거울과 같고 평평한 저울과 같아, 아름답고 추한 것이나 높고 낮은 것이 사물에 따라 모양이 정해진다. 여기에서 자신이 간여할 일은 없다. 이것이 마음을 바르게 하는 일이다. [31]

요덕명: 정이천은 '분치·공구·호요·우환은 누구에게나 있다. 사람이라면 없을 수 없다. 그러나 그 마음을 움직이게 하는 것은 아니다.'라고 말했습니다. 이미 '분치·우환'이라고 했는데, 어떻게 그 마음을 끌어당겨 움직이지 않을 수 있겠습니까?

주자: 일에는 마땅히 노여워하고 마땅히 근심해야 할 것이 있다. 그러나 지나치면 쉬어야 하고, 언제나 마음에 머물러 있게 해서는 안 된다. 안자의 경우에도, 사람이므로 일찍이 화를 내지 않은 것은 아니다. 참으면서 행동으로 옮기지 않았을 뿐이다. 노여움이 여기에 있을 때, 저기로

---

[31] 『朱子語類』卷16: 忿懥·好樂·恐懼·憂患, 這四者皆人之所有, 不能無. 然有不得其正者, 只是應物之時不可夾帶私心. 如有一項事可喜, 自家正喜, 驀見一可怒底事來, 是當怒底事, 卻以這喜心處之, 和那怒底事也喜了, 便是不得其正. 可怒事亦然. 惟誠其意, 眞箇如鑑之空, 如衡之平, 姸媸高下, 隨物定形, 而我無與焉, 這便是正心.

옮겨서는 안 된다. [32]

'마음에 분하고 성내는 것이 있다면, 그 바름을 얻을 수 없다!' 분하고 성내는 것은 이미 그런 행동 자체가 거칠다. 마땅히 노여워해야 할 일이 있는데, 어떻게 노여워하지 않겠는가? 일이 지나가면 확 트이고, 그 바름을 얻을 수 있다. 단지, 분노심이 여기에 막혀 머물러 버린다면, 어떻게 마음의 바름을 얻겠는가? '마음에 좋아하고 즐기는 것이 있으면, 그 바름을 얻을 수 없다!' 예컨대, 사물의 좋은 빛깔이 앞에 있으면, 참으로 좋아하게 마련이다. '정말 좋다!'라고 말하면서 여기에 머무를 수 있다. 그러나 떠나려고 할 때는 당연히 그것을 얻어서는 안 되고, 우연이라도 그것을 얻을 수 없으면, 그만두고 그것을 생각해서는 안 된다. [33]

'분치(忿懥)·공구(恐懼)·호요(好樂)·우환(憂患)', 이 네 가지는 사람이라면 누구나 마음에 가지고 있는 것이다. 하지만, 개인적 욕심에 의해, 사사로운 것이 있게 해서는 안 된다. 사사로운 것이 있으면 교화할 수 없고, 가시나무를 가슴에 두는 격이다. 또한 성냄과 두려움도 당연히 있게 마련이다. 만약, 다른 것을 반드시 없애려고 한다면, 바로 죽음을 각오해야 얻게 된다. 단지, 먼저 이 마음을 가지고 있어서는 안 된다. 요즘 사람

---

32) 『朱子語類』卷16: 問, 伊川云, 忿懥恐懼好樂憂患, 人所不能無者, 但不以動其心. 既謂之忿懥·憂患, 如何不牽動他心. 曰, 事有當怒當憂者, 但過了則休, 不可常留在心. 顔子未嘗不怒, 但不遷耳. 因舉樓中, 果怒在此, 不可遷之於彼.

33) 『朱子語類』卷16: 心有所忿懥, 則不得其正. 忿懥已自粗了. 有事當怒, 如何不怒. 只是事過, 便當豁然, 便得其正. 若只管忿怒滯留在這裏, 如何得心正. 心有所好樂, 則不得其正. 如一箇好物色到面前, 眞箇是好, 也須道是好, 或留在這裏. 若將去了, 或是不當得他底, 或偶然不得他底, 便休, 不可只管念念著他.

들은 대부분 성내고 노여워하면서, 기뻐할만한 일이 있어도 기뻐하지 않는다. 기뻐하면서, 당연히 노여워해야 할 만한 일이 있어도 노여워하지 않는다. 이는 일의 이치를 무시하는 행동이다. 다름 아닌, '보아도 보이지 않으며, 들어도 들리지 않으며, 먹어도 그 맛을 알 수 없다.'에 해당한다. 대개 이러한 사물이나 현상은 사사로운 것이므로, 그것을 없애지 않으면 마음에서 들끓어 끝내 없앨 수 없다. 설사, 이 마음이 크게 비어 있다 하더라도, 온갖 일과 부딪치며, 각기 제 자리에 그친다. 내가 줄 것이 없을 경우, 보면 보이고, 들으면 들리며, 먹으면 참으로 그 맛을 알게 된다. 이런 차원에서, 사람들이 먼저 이러한 마음을 가질 수 없게 하려고 할 따름이다. 비유하면, 저울이라는 도구는 본래 사물을 고르게 재는 것인데, 하나의 물건을 먼저 위에 둔다면, 어떻게 정확하게 잴 수 있겠는가? 요컨대, 이 근원은 도리어 치지(致知)에 있다. 앎이 지극해지고 뜻이 성실해지면 '예쁜 여자를 좋아하듯, 역겨운 냄새를 싫어하듯'하여, 좋은 것은 확실히 좋은 것이고 싫은 것은 확실히 싫은 것이다. 이 지점은 고등학문에 종사하는 사람에게 하나의 관문이다. 이 관문을 넘어서야 비로소 학문이 알차게 된다.[34]

---

34) 『朱子語類』卷16: 四者心之所有, 但不可使之有所私爾. 才有所私, 便不能化, 梗在胸中. 且如忿懥·恐懼, 有當然者. 若定要他無, 直是至死方得, 但不可先有此心耳. 今人多是才忿懥, 雖有可喜之事亦所不喜. 才喜, 雖有當怒之事亦不復怒, 便是蹉過事理了, 便視而不見, 聽而不聞, 食而不知其味了. 蓋這物事才私, 便不去, 只管在胸中推盪, 終不消釋. 設使此心如太虛然, 則應接萬務, 各止其所, 而我無所與, 則便視而見, 聽而聞, 食而眞知其味矣. 看此一段, 只是要人不可先有此心耳. 譬如衡之爲器, 本所以平物也, 今若先有一物在上, 則又如何稱! 要之, 這源頭卻在那致知上. 知至而意誠, 則如好好色, 如惡惡臭, 好者端的是好, 惡者端的是惡. 某常云, 此處是學者一箇關. 過得此關, 方始是實.

인간의 욕망은 마음이 사물에 매이는 것과 직결 된다. 마음이 어떤 사물에 매이게 되면, 그것은 그 사물에 의해 움직인다. 마음이 사물에 매이는 경우는 크게 세 가지로 나누어 볼 수 있다. 첫째, 아직 일이 닥치지도 않았는데, 미리 기대하는 마음을 두는 경우이다. 어떻게 일이 전개될지도 모르는 상황에서 상상력을 발동하거나 자의적으로 판단하려는 의지가 앞설 때, 마음은 움직이게 마련이다. 둘째, 이미 일이 지나갔는데도 아직 잊지 못하여 마음에 두는 경우이다. 지나간 일의 흔적은 미련을 남기게 마련이다. 끝난 일을 마무리 하지 않고 여러 사정에 의해 잡고 있거나 질질 끌고 있을 때, 마음은 혼란스럽다. 셋째, 일을 하고 있으면서 그 일을 지나치게 소중히 여기는 경우이다. 소중히 여기는 것은 간직하고 싶은 욕망의 표현이다. 어떤 사안을 간직하여 보존하려고 할 때, 그 지속하려는 욕구만큼이나 마음은 얽매인다.

이런 상황은 모두 '사물이 마음에 들어 앉아 있는' 형국이다. 마음이 혼란하거나 요동치는 경우, 평정심(平靜心)을 잃은 상황이다. '아직 다가오지 않은 일!', '이미 지나간 일!', '일상 가운데 지나치게 소중하게 여기는 사안!' 여기에서 '아직' '이미' '지나침'이라는 언표를 주시할 필요가 있다. 그것은 '과거-현재-미래'라는 시·공간을 실질적으로 간파하지 못한데서 온다. 허상을 실제로 착각한 사태로, 고등학문이 미성숙한 사람들이 저지르기 쉬운 행동이다. 그러므로 고등학문의 과정에서 배우는 사람은 실질과 실제를 인식하고, 마음의 평정을 유지하며, 올바른 뜻을 굳게 잡고 붙잡아야 한다. 이때 정심(正心)과 수신(修身)의 측면에서, 별도로 깊고 얕은 차원의 학문 실천은 상정되지 않는다.

> 정심(正心)은 마음의 측면에서 말하였고, 수신(修身)은 일에 부딪치고 사물에 접촉하는 측면에서 말한 것이다. 정심은 싹의 측면에서 이해한 사안일 뿐이다. 그 일은 마음에 따라 나오는 것이 아니겠는가! 수신이나 혈구(絜矩)와 같은 것은 모두 마음이 작용하여 나온 것이다. 만약, 수신이나 혈구와 같은 일이라면, 이는 도리어 시작이라는 측면에서 이해한 것이다.[35]

앞에서 언급한 것처럼, 마음의 본체는 늘 바르다. 사물을 담고 있지 않았을 때는 맑고 깨끗하게 비어 있다. 정심(正心)은, 이런 마음이 사물과 마주치더라도 흔들리거나 더럽혀지지 않고, 바르게 해나가는 학문을 말한다. 이것이 고등학문의 핵심이자 수신(修身)의 기초이다. 몸과 마음, 즉 심신(心身)은 구분할 수 없다. 하지만, 굳이 몸과 마음을 구분해서 설명한다면, 정심(正心)-마음을 바르게 함-은 '안'을

---

35) 『朱子語類』卷16: 正卿問, 大學傳正心修身, 莫有深淺否. 曰, 正心是就心上說, 修身是就應事接物上說. 那事不從心上做出來! 如修身, 如絜矩, 都是心做得出. 但正心是萌芽上理會. 若修身及絜矩等事, 卻是各就地頭上理會.

이와 같이 할 수 있는 것이고, 수신(修身)-몸을 닦음-은 '바깥'을 이와 같이 하는 일이다. 정심은 내면을 바르게 만드는 사안이고, 수신은 그 내면을 바탕으로 외면을 정당하게 가구는 작업이다. 즉 '정심-수신'은 내면의 올바름과 외면의 정돈이 통일되는 경지이다.

3. 공동체의 질서와 평안;
   제가(齊家)-치국(治國)-평천하(平天下)

고등학문의 기초 단계인 '격물(格物)-치지(致知)'는 그것을 심화하는 '성의(誠意)-정심(正心)'을 거치면서 수신(修身)을 강화한다. 수신으로 완결되는 학문의 과정은, 이제 '제가(齊家)-치국(治國)-평천하(平天下)'라는 보다 공공성을 띠는 치인(治人)의 실천과 응용으로 넘어간다. '수신(修身)' 그리고 '제가(齊家)-치국(治國)-평천하(平天下)'는 그 앞 글자를 따서, 간략하게 '수제치평(修齊治平)'이라 한다. '수제치평'은 고등학문의 과정을 상징적으로 일러주는, '인격수양' 철학인 동시에 '사회·정치' 철학의 근간이다. 때문에 유학은 수기치인(修己治人), 내성외왕(內聖外王)을 아우르는 실천철학을 학문적 성격으로 한다.[36]

---
36) 이승환, 『유가사상의 사회철학적 재조명』(고려대출판부, 1998) 참조.

제가(齊家)의 기본내용은 '재기가재수기신(齊其家在修其身)' 부분에 잘 드러나 있다. 그것은 '집안을 가지런히 하는 일은 몸을 닦는데 있다!'라는 수신과 제가의 관계문제로 해명된다.

> '그 집안을 바로잡는 일이 몸을 닦음에 있다!'라는 말은, 사람들이 친애하는 바에 치우치고, 천하게 여기고 미워하는 바에 치우치며, 두려워하고 존경하는 바에 치우치고, 가엾고 불쌍하게 여기는 바에 치우치며, 거만하고 태만히 여기는 바에 치우친다. 그러므로 좋아하면서도 그 나쁨을 알고, 미워하면서도 그 아름다움을 아는 자가 세상에 드물다.[37]

수신(修身)과 동시에 제가(齊家)가 이루어질 수 있는 기본 요건은 다섯 가지로 제시된다. '친애함', '천하게 여기고 미워함', '두려워하고 존경함', '가엾고 불쌍히 여김', '거만하고 태만히 여김' 등을 경계하고 치우지지 않는 것이다. 이 다섯 가지는 사람이라면 선천적으로 지니고 있는 당연한 이치이다. 그러나 올바르게 행동하지 않으면 반드시 한 쪽으로 치우치기 쉽다. 예컨대, 사람이 배가 고파서 음식을 먹을 경우, 음식을 먹는 행위자체는 마땅한 일이다. 잘못된 일이 결코 아니다. 그런데 먹는 행위 가운데, 그것이 조금이라도 지나치면, 치우침으로 전락한다. 또한 어떤 사람의 착한 부분을 사랑하는데, 그 사

---

[37] 『大學章句』[傳8章]: 齊其家, 在修其身者, 人之其所親愛而辟焉, 之其所賤惡而辟焉, 之其所畏敬而辟焉, 之其所哀矜而辟焉, 之其所敖惰而辟焉. 故好而知其惡, 惡而知其美者, 天下鮮矣.

랑이 지나치면 사랑하는 행위에 가려 그의 단점을 간과하기 쉽다. 이는 인간이 개인적으로 소중히 여기는 특정한 사안으로 인해 치우치게 되는 경우이다.

이런 치우침에 대한 경계가 제가(齊家)의 상황에서 왜 필요한가? 인간은 다른 사람과 마주치게 되면, 접촉과 과정에서 감정(感情)을 발동한다. 마음이 함부로 흔들리지 않는 성인·군자라면 공평무사한 정감을 펼치지만, 보통사람들은 개인적 인정(人情)에 치우치게 마련이다. 따라서 친족 사이에 친애하는 일이 의리(義理)로 제어되지 않는 경우, 치우치게 된다. 때문에 인간은 치우침이 없는 합리적 판단과 정당한 행위를 해야 한다. 그래야만이 공동체의 기본 구조인 가문[家門: 집안]을 가지런히 할 수 있다. 달리 말하면, 먼저 개인으로서 몸이 닦여져 올바르게 확립되어야 개인이 소속된 집안에서 자기 역할을 제대로 이행할 수 있다. 그것의 핵심은 효도[孝]와 공손[弟]과 사랑[慈]이다.

> '나라를 다스리는 일이 반드시 먼저 그 집안을 가지런히 하는 데 있다!'라는 말은, 그 집안을 가르치지 못하면서 남을 가르칠 수 있는 사람은 없다는 의미이다. 그러므로 훌륭한 지도자[군자]는 집안을 다스리는 방법을 벗어나지 않고도 나라에 가르침을 이루는 것이다. 효도는 임금을 섬기는 길이고, 공손은 어른을 받드는 길이며, 사랑은 여러 백성을 부리

는 길이다.[38]

효도는 임금을 섬기는 방법이고, 공손은 어른을 섬기는 방법이며, 사랑은 무리를 섬기는 방법이다. 이 도리는 모두 나의 가문에서 이루어지는 일이지만, 세상 사람들이 보고 배워 스스로 이와 같이 실행할 수 있는 것이다.[39]

'제가(齊家)'에서 말하는 가(家)는 현대적 의미의 가정과는 상당히 다르다. 그것은 형제자매, 자식, 조카, 숙부모, 일꾼 등을 포함한 대가족, 또는 여러 분가(分家)를 포함한 대친족(大親族)을 가리킨다. 현대의 가정인 핵가족과는 비교가 되지 않을 정도로 일이 많고, 관계가 복잡하다. 그러므로 한 가문[집안]의 다스림은 보다 큰 규모의 국가를 다스릴 수 있는 바탕이 될 수 있었다. 가장에게는 다양한 식구들의 관계를 조절하고 재산관리나 다른 집안과의 관계 등 여러 종류의 업무가 중층적으로 존재한다. 그만큼 제가(齊家)는 상당히 어려운 과제였음에 분명하다. 때문에 집안을 잘 다스린다는 의미는 한 나라의 지도자로서 나라를 잘 다스릴 수 있는 자격을 갖추었다는 의미나 다름없다.

예를 들면, 집안에는 부모가 있는데 집안에서 부모를 섬기는 효도

---

[38] 『大學章句』「傳9章」: 治國, 必先齊其家者, 其家, 不可敎, 而能敎人者無之. 故君子, 不出家而成敎於國 孝者, 所以事君也. 弟者, 所以事長也. 慈者, 所以使衆也.

[39] 『朱子語類』卷16: 孝者, 所以事君, 弟者, 所以事長, 慈者, 所以使衆. 此道理皆是我家裏做成了, 天下人看著自能如此.

는 나라에서 임금을 섬기는 도리가 되고, 형을 섬기는 도리는 관직이 높은 이를 섬기는 이치와 같으며, 집안에서 어린 자녀를 위로하고 어루만지는 사랑은 나라에서 여러 백성들을 돌보는 이치와 마찬가지이다. 이 지점에서 제가(齊家)와 치국(治國)의 논리는, 그 규모가 다를 뿐, 공동체의 통치원리에서 통일성을 띤다. 그리고 나아가 평천하(平天下)로 확장된다.

> '온 세상을 화평하게 하는 것이 그 나라를 다스리는 데 있다!'라는 말은, 윗사람이 늙은이를 늙은이로 대우함에 백성들이 효도를 일으키고, 윗사람이 어른을 어른으로 대우함에 윗사람이 공경을 일으키며, 윗사람이 고아를 구휼함에 백성들이 저버리지 않는다는 의미이다. 그러므로 훌륭한 지도자[군자]는 '자나 컴퍼스로 재는 것과 같은 행동의 양식', 이른 바 혈구지도(絜矩之道)가 있다.[40]

세상을 고르게 만드는 기본은 정치지도자의 지도력에 달려 있다. 그 핵심은 늙은이를 공경하고 어른을 대우하며 불쌍한 사람들을 구휼하는 일이다. 이는 여러 사람의 마음을 내 마음에 미루어 보아 헤아려 보는 혈구(絜矩)의 방식이다.

'혈구(絜矩)'에서 '혈(絜)'은 '헤아리다' 또는 '재다'라는 의미이다. '구

---

40) 『大學章句』「傳10章」: 平天下, 在治其國者, 上老老而民興孝, 上長長而民興弟, 上恤孤而民不倍, 是以君子有絜矩之道也.

(矩)'는 원래 네모난 형태의 사물을 그리는데 사용하는 곱자를 말하는데, 반듯하게 만드는 기구이다. 곱자의 역할인 방(方)이라는 것은 곡척(曲尺)을 사용하여 반듯하게 다듬는 작업과 같다.[41] 그러나 여기에서 '구(矩)'는 인간의 '마음'을 뜻한다. 따라서 혈구는 내 마음이 하려는 일을 헤아려 볼 때, 그것은 바로 다른 사람이 하려는 일과 유사함을 확인하는 작업이다. 내가 효도하고 공경하고 사랑하려고 하면, 반드시 다른 사람도 내가 효도하고 공경하고 사랑하는 것처럼 행동하려고 한다. '한 지아비라도 살 곳을 얻지 못하게 하지 않는다!'라는 말은 한 지아비도 이러한 이치를 가지지 않을 수 없다는 뜻이다. 나만이 이와 같이 할 수 있고, 다른 사람은 이렇게 할 수 없다면, 이는 공평하지 않는 상황이다. 그것은 고등학문을 이수한 지도급 인사가 취할 삶의 태도가 아니다.[42]

이는 상대와 나 사이에 제각기 자신의 분수와 소원을 얻게 하는 일과 같다. 한 글자로 표현하면, '서(恕)'이다.[43] 현대적 의미로는 '배려

---

41) 『朱子語類』卷16: 絜, 度也. 矩, 所以爲方也. 方者, 如用曲尺爲方者也.

42) 『朱子語類』卷16: 所謂絜矩者, 矩者, 心也, 我心之所欲, 卽他人之所欲也. 我欲孝弟而慈, 必欲他人皆如我之孝弟而慈. 不使一夫之不獲"者, 無一夫不得此理也. 只我能如此, 而他人不能如此, 則是不平矣.

43) 서(恕)는 흔히 공자의 일관된 삶의 태도인 충(忠)과 어울려 '충서(忠恕)로 표현된다. 혈구와 관련하여 이에 대한 구체적인 설명이 다음 대화에서 보인다.; 섭하손: '자신의 몸에 간직하고 있는 것이 다른 사람에게 미치지 못한다.'라고 한 표현에서 '미치다' 도는 '헤아리다'의 '서(恕)'는 '사물과 접촉하는 측면'에서 말한 것이 아닙니까? 어떻게 생각하십니까? 주자: 그렇지! 사물과 접촉하는 측면에서 깨우친 것이다. 충서(忠恕)에서 '충(忠)'은 실제의 마음, 즉 '실심(實心)'이다. 다름 아닌, 진실하여 거짓되지 않은 것이다. 사물과 접촉하여 이러한 마음을 미루어 나가는 작업이다. 진정으로 충이어야 비로소 자신을 미루어 다른 사람에게 미칠 수 있다. 만약, 충이 아니라면 본령이 없는 것이므로, 다시 무엇을 잡아 사물에 미치겠는가! 정자가 '하늘의 명은, 아! 심원하여 그치지 않는다!'고 말했는데, 이것이 충(忠)이고, 실제의 이치인 '실리(實理)'가 베풀어진 상태이다. 건도(乾道)가 변화하여 제각기 성명(性命)을 바르게 하는 일이 서(恕)이고, 실리(實理)가 사물에 미친 상황이다. 이수약: 이렇게 말하면, '공자의 도는 충서

(配慮)'나 '관심', 또는 '이해'라는 말로 환언할 수 있다.

'자기에게 선을 갖춘 뒤에야 다른 사람에게 선하도록 요구하며, 자기에게 악이 없는 뒤에야 다른 사람의 악을 꾸짖을 수 있다!' 이는 '다른 사람을 꾸짖는 차원의 서(恕)'이다. 혈구(絜矩)와 『논어』에서 '자기가 원하지 않는 일을 남에게 하지 말라!'고 언급한 것은 '자기를 아끼는 서'이다. 이처럼 자기에게서 미루어 보아 사물에 미치는 상황을 서라고 한다. 성인은 미루어 나아감을 기다리지 않으며, 밖으로 펼쳐 적용되는 것은 모두 서이다. '자기가 원하지 않는 일을 남에게 하지 말라!' 이는 다른 사람을 사랑한다는 측면에서 말한 것이다. 성인의 서는 오로지 다른 사람을 사랑하는 데서 드러나는 것은 아니다. 혈구와 같은 윤리가 이것이다.[44]

여기에서 혈구는 특정한 사람, 특수한 존재만을 지칭하는 언표가 아니다. 사회의 지도급 인사가 나를 중심으로 '위아래, 앞뒤, 왼쪽오른쪽' 모두 고르고 가지런하며 방정해져서 세상이 화평하게 된다는

일 따름이다.'라고 했을 때, '충서(忠恕)'와 서로 비슷합니다. 그렇습니까? 주자: 하나의 '충서(忠恕)'일 뿐이다. 어떻게 둘로 나눌 수 있겠는가? 고등학문을 익힌 지도자급 인사[聖人]와 일반사람[常人]들 사이의 '충서'는 크게 멀지 않다. 자기를 다하는 일은 나 자신의 실리를 다한다는 말이 아니다. 스스로 다하는 일이 바로 실리이다.(『朱子語類』 卷16: 問, 所藏乎身不恕處, 恕字還只就接物上說, 如何. 曰, 是就接物上見得. 忠, 只是實心, 直是眞實不僞. 到應接事物, 也只是推這箇出去. 直是忠, 方能恕. 若不忠, 便無本領了, 更把甚麽去及物. 程子說, 維天之命, 於穆不已, 忠也, 便是實理流行. 乾道變化, 各正性命, 恕也, 便是實理與物. 守約問, 恁地說, 又與夫子之道, 忠恕而已矣之忠恕相似. 曰, 只是一箇忠恕, 豈有二分. 聖人與常人忠恕也不甚相遠. 又曰, 盡己, 不是說盡吾身之實理, 自盡便是實理.)

44) 『朱子語類』 卷16: 有諸己而後求諸人, 無諸己而後非諸人, 是責人之恕. 絜矩與己所不欲, 施施於人, 是愛人之恕. 推己及物之謂恕. 聖人則不待推, 而發用於外者皆恕也. 己所不欲, 勿施於人, 則就愛人上說. 聖人之恕, 則不專在愛人上見, 如絜矩之類是也.

논리이다. 그러기에 '제가-치국-평천하'라는 공동체의 차원에서 구현되어야 하는, 정치적 실천과 맞닿아 있다. 앞에서 언급한 것처럼, 윗사람이 늙은이를 늙은이로 대우함에 백성들이 효도를 일으키고, 윗사람이 어른을 어른으로 대우함에 윗사람이 공경을 일으키며, 윗사람이 고아와 같은 사회적 약자를 구휼함에 백성들이 저버리지 않는다는 의미이다. 주자도 그렇게 인식한다.

혈구에 이르러서는 정치[정사]의 측면에서 말했다. 단지, 선한 마음만 불러일으키고, 그들에게 그 마음을 이루게 하지 않는다면, 그러한 마음을 불러일으킬 수 있다하더라도 결국에는 헛된 일이 될 수밖에 없다. 예컨대, 정치가 어지럽고 국가의 부역이 무거우면 그 부모를 봉양할 수 없는데, 또 어떻게 그 선한 마음을 이룰 수 있겠는가! 반드시 나를 헤아리는 마음으로 저 사람에게 영향을 주어, 그에게 '위로는 충분히 부모를 섬길 만하며, 아래로는 충분히 처자를 부양할 수 있게' 해야 한다. 그러기에 『시경』에서 '대부가 헤아리지 않고 부역에 보내면 그 부모를 봉양할 수 없다!'라고 했다. 백성을 부릴 때는 반드시 그들에게 안과 밖으로 원망이 없게 해야 한다. 『시경』의 「동산(東山)」·「출거(出車)」·「장두(杖杜)」 등 여러 곳에서 부역에 관해 노래했는데, 대부분 그 아내의 정(情)을 서술하였고, 또한 윗사람들이 감동을 받을 수 있게 하였.

이는 『맹자』에서 언급한 바와 같이, 제나라 선왕이 희생으로 끌려가는 소를 보고 가엾게 여긴 것과 같다. 소가 벌벌 떠는 것을 보고, 차마 하지 못하는 마음이 드러났다. 흔종(釁鐘)을 없앨 수 없다고 생각하여 소를 죽인다면, 차마 하지 못하는 자신의 마음은 부질없을 뿐이다. 그래서 소 대신 양으로 바꾸었다. 이는 드러난 양심이 막히는 데까지 이르지는 않기에, 보이지 않는 양은 죽여도 해가 없다. 이런 정치의 기술이 다른 아닌 '인술(仁術)'이다. 술(術)은 고등학문으로 무장한 지도자가 기교 있게 처리하는 고차원의 정치능력이다.

'내가 서고자 하면 다른 사람도 세우고, 내가 도달하고자 하면 다른 사람도 도달하도록 하라!' 이는 두 측면이 겹친 말로, 자기가 다른 사람에 대해 말한 것일 뿐이다. 혈구와 같이 윗사람이 자기를 대하고 자기가 또 다른 사람을 대하는 일은 세 측면이 겹친 말이다. 『중용』에서 '자식에게 바라는 것으로 부모 섬기기를 제대로 하지 못하고, 신하에게 바라는 것으로 군주 섬기기를 제대로 하지 못한다.'라고 한 사안과 같다.

다시 말하면, 이것은 반드시 세 사람을 보아야 제대로 보인다. 사람은 내 위에 있지 않은 자가 없고, 내 아래에 있지 않은 자가 없다. 예컨대, 부모는 나의 위에 있고, 자손은 나의 아래에 있다. 자손이 나에게 효도하기를 바라면서, 자신은 부모에게 제대로 효도하지 않는다. 자신은 부모가 사랑해주시길 바라면서, 자손에게 제대로 사랑을 베풀지 않는다. 한편은 길게 하고 한편은 짧게 하는 일은 혈구가 아니다.[45]

---

45) 『朱子語類』卷16: 到絜矩處, 是就政事上言. 若但興起其善心, 而不有以使之得遂其心, 則雖能興起, 終亦徒然. 如政煩賦重, 不得以養其父母, 又安得以遂其善心. 須是推己之心以及於彼, 使之仰足以事父母,

이런 세 차원의 혈구는 현대 정치적 의미에서, 국민에 대한 관심과 배려의 마음이다. 동시에 국민의 지도자에 대한 이해이기도 하다. '나'를 둘러싼 '위-아래'를 '위-나-아래'라는 삼중(三重)구조로 인식하고, 윤리를 공평하게 발휘하려는 노력이다. 상하는 물론 전후좌우를 전 방위적으로 고려하는 '위대한 척도'의 발현이다. 고등학문을 통해 훌륭하게 닦은 정치지도자의 마음을 기본으로, 민주시민을 향해 전개하는 사랑의 실천이다.

俯足以育妻子, 方得. 如詩裏說大夫行役無期度, 不得以養其父母. 到得使下, 也須敎他內外無怨, 始得. 如東山·出車·杕杜諸詩說行役, 多是序其室家之情, 亦欲使凡在上者有所感動. 這處正如齊宣王愛牛處一般. 見牛之觳觫, 則不忍之心已形於此. 若其以羊鍾爲不可廢而復殺之, 則自家不忍之心又只是空. 所以以羊易之, 則已形之良心不至於窒塞, 而未見之羊, 殺之亦無害, 是乃仁術也. 術, 是做得巧處謂之術. 己欲立而立人, 己欲達而達人, 是兩摺說, 只以己對人而言. 若絜矩, 上之人所以待己, 己又所以待人, 是三摺說, 如中庸'所求乎子以事父未能也, 所求乎臣以事君未能也, 一類意. 須把三人看, 便見. 人莫不有在我之上者, 莫不有在我之下者. 如親在我之上, 子孫在我之下. 我欲子孫孝於我, 而我卻不能孝於親; 我欲親慈於我, 而我卻不能慈於子孫, 便是一畔長, 一畔短, 不是絜矩.

4. 8조목의 실천과 유기체적 특성

1) 개인 확립의 인격화; 격물-수신

앞에서 '격물치지'를 '사물의 이치에 궁극까지 이르는 것, 각각의 사물에 따라 그 각각의 사물의 이치[理]를 궁구하고, 그런 이치의 극치에 도달하는 연구행위'라고 정돈했다. '사물의 이치 궁구'나 '이치에 도달하는 탐구'과정에서 연구대상이나 이치탐구의 문제가 단순히 객관적·사실적 지식의 습득만은 아니다. 이때 사물에 관한 이치나 지식은, 자연법칙은 물론 사회법칙과 인간 삶의 윤리적 질서체계를 복합적으로 담고 있다. 특히, 경험적·사실적 지식보다 인간의 도덕·윤리적 지식을 중시한다. 이런 점에서 고등학문으로서 『대학』은 하나의 삶의 철학이자 윤리학이고 교육학이자 정치학이다. 넓은 의미에서는 우주와 자연, 인간과 사회의 전 영역이 탐구의 대상으로 설정되므로, 우주학이자 자연학이고, 사회철학을 통괄한다. 격물의 '물(物)'이 '온 누리'에 해당한다고 볼 때, 고등학문으로서 『대학』은 세상을 분석적인 동시에 포괄적으로 다루는, 분석명제와 종합명제의 양상을 아우르는 철학적 특성을 보인다.

그렇다면 격물치지를 위한 실천방법과 양식은 어떠한가? 사람이 어떠한 일을 하다가 사리에 어긋났다고 하자. 어긋난 사실을 조금이라도 알고, 그것을 깨닫게 되었다면, 정상적인 인간의 경우에는, 바른 길로 향하는 행동을 할 가능성이 높다. 조금이나마 알고 깨닫게 되었다는 사실 자체가 그 증거이다. 그렇다고 그런 사실이 바로 이치를 궁구하고 지식을 획득해 나가는 학문행동을 담보하는 것은 아니다. 지금 어떤 일에 관한 인식이 나타났다면, 그 실마리를 따라 유추하여 지식을 획득해 나가야 한다. 그래서 이 세상의 온갖 사물에 대해 조그마한 것이라도 모두 알아서, 터럭 끝만큼도 막힘이 없게 해야 한다.

사물에 대해 따지고 캐 물으며 파고 들어갈 때는 자그마한 부분들을 이해하는 것에서 시작해야 한다. 앎이 지극함에 이르면 스스로 주관이 생겨, 사물을 분별하고 취하고 버릴 줄 알게 된다. 처음에는 겉만 보고 속은 보지 못하며, 대강만 알고 정밀한 것은 알지 못한다. 그러나 탐색과, 조사, 탐구를 통해 앎이 최고조에 이르면 실행할 줄 알게 된다.

격물치지의 방식에 대해, 주자는 사물과 사물을 대하는 인간의 자세에 1차적인 관심을 둔다. 먼저 사물에 다가가 올바르게 파악하고 있는가? 다시 말하면, 올바로 접근하고 실천하고 있는지, 자기반성을 촉구한다. '조금이라도 어긋난 사실'에 대한 인식은 지식획득의 단초이다. 그리고 자그마한 사물들에 대한 이해에서 지식의 문제를 풀어가야 한다고 강조한다. 그것은 사물에 대한, 인간의 도덕 윤리에 대한 관심이다. 이후의 과정은 유추와 분별, 취사선택의 끊임없는 과정을 통해, 모든 지식을 장악하는 수준으로 나아간다. 즉 관심의 표명에서 그것을 바탕으로 더욱 더 연구의 과정과 탐구활동의 영역을 넓혀가는 모습이다. 인간의 윤리 도덕적 질서를 중핵으로 세상의 모든 사물 이치에 대해 인간의 자기노력을 통해 삶을 넓혀 가는 일이다.

주자의 설명에서 중요한 사실은 지식의 습득과 확장에 그치지 않는다는 점이다. 그것은 지식의 종류와 실제를 구체적으로 지시한다. 즉 내면과 외면의 실제를 제대로 인식하여 일치시켜나가는 작업이다. 요컨대, 지식의 인식과 획득, 체득과 실천의 통일성과 유기체적 특성을 드러낸다.

'겉[외면]'이라는 것은 어떤 사물에 대해 함께 볼 경우, 일반적으로 알 수 있는 것이고, '속[내면]'은 나 혼자만 아는 것이다. 외면만을 공부하고 내면의 이치는 전혀 아는 것이 없으며, 내면만을 향해 공부를 많이 해서 실제 사물은 전혀 알지 못한다면, 이는 곧 이상하고 허황된 것만을 이야기하는 병폐이다. 그만큼 모두 한쪽으로 치우친 것이다. 만약, 사물의 이치가 모두 캐 물어져 앎이 지극해지면, 외면과 내면, 세밀한 곳과 거친 곳을 다 알게 될 것이다.

격물치지의 과정에서 외면과 내면은 구분하여 논의하기 어렵다. 탐구와 조사의 과정에서 사물과 인간의 도리를 중심에 두고, 인간 자신의 지식습득과 확장을 꾀할 뿐이다. 한 푼의 이치를 궁구하여 얻으면 나의 지식이 한 푼의 사물의 이치를 알게 된다. 궁구함이 많아지면 나의 지식도 그에 따라 넓어질 것이다. 이는 유기적으로 통일된, 온전한 지식체득의 과정일 뿐이다. 그것은 지식을 대하는 인간의 습관화(習慣化)와 연관된다. 『논어』의 언급처럼, 인간은 배우고 늘 익히는 '학이시습(學而時習)'의 과정을 통해 학습한다. 이때 '배움'은 격물(格物)이고 '익힘'은 치지(致知)에 해당한다. 즉 격물치지는 학습(學習)의 일상화를 통해, 사물의 이치를 구명하고 확장하는 학문의 기본 과정이다.

이러한 격물치지의 학문양식을 주자는 다음과 같이 제시한다. 첫째, 독서를 통해 도리와 의리를 밝힐 수 있다. 둘째, 역사상의 인물과 사건을 논의하여 그 옳고 그름의 이치를 판단할 수 있다. 셋째, 사람관계와 일상행위에서 마땅함과 그릇됨을 분변할 수 있다. 넷째, 하늘은 높고 땅이 낮은 이유를 비롯한 자연계의 이치를 탐구할 수 있다.

다섯째, 사물의 존재방식에 대한 원인을 규명하는 작업이다. 이 가운데 가장 유용한 수단은 독서이다. 즉 유학의 경전(經傳)에 관한 연구이다. 왜냐하면 유학에서는 사물의 이치가 성인(聖人)에 의해 어김없이 파악되어 경전에 기록되어 있다고 보기 때문이다. 그렇다고 경전 연구에만 치우치는 것이 아니다. 반드시 그것을 기초로 사회적 실천을 염원한다. 이런 양식이 구체적으로 표출된 사례가, 유학의 경전 공부를 통해 과거를 치르고, 관료로 진출하여 세상을 다스리는 일이었다. 그것은 고등학문을 이수한 이후에 반드시 실천해야 한다는 당위를 확인시켰고, 학문이라는 경전 공부와 정치라는 사회적 실천을 통일하는 계기가 된다.

격물치지(格物致知)가 학습을 통한 지식의 획득과 확장이라면, 성의정심(誠意正心)은 자기조절과 성찰, 함양을 통한 인격의 확립과 체득의 양식이다. 그 핵심적 실천의 방식이 바로 '신독(愼獨)'이다. 신독(愼獨)은 '혼자인 데를 삼가 한다.'라는 의미이다. 이는 앞에서 언급한 '스스로 속임[自欺]'과 '스스로 유쾌하고 만족함[自謙]'과 직결되는 학문의 실천양식이다. 왜냐하면 이 두 가지는 모두 자기마음을 가다듬는 내면의 일이기에, 다른 사람은 알 수가 없고, 자기만이 홀로 아는 일이기 때문이다.

신독(愼獨)에서 '독(獨)'은 '스스로[自]'를 의미하는 동시에 '뜻[意]'을 포함하고 있다. 또한 '삼가다[謹]'거나 '살피다[審]'의 뜻도 있다. 그러므로 신독은 자기의 의지, 내면의 은미한 곳을 삼가거나 살피다는 말이다. 그것은 다른 사람에게 드러나 있는 곳이건 혼자 거처하는 곳이건, 보이는 곳이건 보이지 않는 곳이건, 크게 구애받지 않는다. 중요한 문제는 '뜻이 과연 진실한 마음에서 나왔는가? 남들이 듣지도 보지도 못하는 곳에서 진실한 마음을 보존하는가?'에 대한 자기공부이다. 때문에 신독은 예로부터 미덕의 극치로 여겨져 왔고, 성의(誠意)의 실천양식을 표현하는 핵심용어가 되었으며, 말과 행위가 부합되는 자각적·도덕적 수양의 방식으로 대표된다.[46] 그것은 자기공부의 근저로 자기를 조절하고 스스로 주도하는 진지한 학문의 자세이다.

이러한 신독은 이른바 고등학문을 통해 '교육받은 인간(educated man)'과 그렇지 못한 인간으로 대별할 수 있는 군자(君子)와 소인(小人)의 일상행위를 통해 구체적으로 확인할 수 있다.

소인이 한가히 혼자 거처할 때에는 착하지 않은 짓을 마구 저지르다가, 군자를 본 뒤에는 언제 그랬냐는 듯이 착하지 않은 짓을 감추고, 착한 일만을 드러낸다. 사람들이 그 소인배 보기를 속[폐와 간]을 훤하게 들여다보는 듯이 하니, 그렇게 속이는 것이 무슨 이득이 있겠는가? 속[마음]이 성실하면 겉[몸]으로 드러난다. 그러므로 군자는 반드시 그 혼

---

46) 來可泓, 『大學直解·中庸直解』(上海: 复旦大學出版社, 1998); 錢世明, 『說 大學·中庸』(北京: 京華出版社, 1999) 참조.

자인 데를 삼간다.[47]

이에 대한 주자의 해석은 교육받지 못한 전형으로서 소인배들의 특징을 이해하는데 도움을 준다. 소인은 속으로는 착하지 않은 짓을 하다가 겉으로는 그것을 가리려는 속성을 보인다. 이들은 '착한 일을 마땅히 해야 하고 악한 짓을 마땅히 버려야 함'을 모르는 것은 아니다. 단지 그 힘을 다 쓰지 못해서 이 지경에 이름을 말한다. 그러나 그 악한 짓을 가리려고 해도 가릴 수 없고, 거짓으로 착한 일을 하려 해도 마침내 속일 수 없다. 그러니 자신의 인생에 무슨 이득이 있겠는가? 때문에 고등학문으로 무장한 군자는 소인배들의 행동을 심각하게 경계하고, 자기를 조절하는데 신중하다. 신독(愼獨)의 자각성을 지니고 성실하게 선을 행한다.[48] 그리하여 마음이 넓어지고 몸이 편안해지는 경지에 도달할 수 있는 것이다.

신독을 통해 마음에 부끄러움이 없으면, 넓고 크며 너그럽고 평화롭게 되어, 몸이 항상 여유 있고 평안해진다. 덕이 몸을 윤택하게 함이 그러한 것과 같다. 착함이 마음에 가득 차면 바깥에 나타나게 마련이다. 마음이 바르지 않은데 어떻게 넓을 수 있으며, 몸이 닦여지지 않았는데 어떻게 퍼지고 태평해질 수 있겠는가? 마음이 넓고 몸

---

47) 『大學章句』「傳6章」: 小人閒居, 爲不善, 無所不至, 見君子而后, 厭然揜其不善, 而著其善. 人之視己, 如見其肺肝, 然則何益矣. 此謂誠於中, 形於外, 故君子必愼其獨也.
48) 來可泓, 『大學直解·中庸直解』(上海: 复旦大學出版社, 1998), 51쪽.

이 펴지며 태평한 상황은 마음이 바르고 몸이 닦여진 증거이다. 그것은 단지 그 뜻을 성실히 하는 작업에서만 가능하다. 이러한 '성의'의 실천양식을 지닌 인간은 고등학문을 거쳐, 교육받은 사람으로서 최고의 경지에 도달할 수 있다. 내면과 외면, 마음과 몸, 말과 행위의 일치를 통해 일상에서 선(善)을 실천한다.

신독을 통해 자기를 확립하는 학문이 진척되면 될수록, 인간의 마음은 바르게 정돈된다. 자연스럽게 '정심(正心)'으로 이행된다. 그래도 주자는 재차 강조한다. '마음을 점검하라!' "마음이 있지 않으면 보아도 보이지 않고, 들어도 들리지 않으며, 먹어도 그 맛을 모른다." [49]

주자는 마음의 보존을 위한 최고의 실천양식으로 '경(敬)'을 제시한다.

경(敬)에 관한 학설이 많으나 정자(程子), 사상채(謝上蔡), 윤화정(尹和靖), 주자(朱子) 등의 이론이 핵심을 찌르고 있다.[50] 고등학문 종사자로서 어떤 사람은 늘 깨어있는 마음공부를 하려고 하고, 어떤 사람은 한 가지 사물도 마음에 담아두지 않으려는 공부를 하려고 하지만, 무엇을 찾는 데만 급급하여 마음을 이리저리 맞추기에 급급하다 보면, 맹자가 지적한 이삭을 뽑는 식의 병통이 생기지 않을 사람이 없을 것이다. 그리고 조장하지 않고자 하여 마음을 조금도 쓰지 않

---

49) 『大學章句』「傳7章」: 心不在焉, 視而不見, 聽而不聞, 食而不知其味.
50) 『朱子語類』 卷17: 程子於此, 嘗以主一無適言之矣. 嘗以整齊嚴肅言之矣. 謝氏之說, 則又有所謂常惺惺法者焉. 尹氏之說, 則又有所謂其心收斂不容一物者焉.

으며 농사를 버려두고 김을 매지 않는 병통에 이르지 않는 사람 또한 드물 것이다. 처음 공부하는 사람에게는 정제엄숙(整齊嚴肅)의 공부만한 것이 없다. 무엇을 억지로 찾으려 하지도 않고, 이리저리 맞추려 하지도 않고, 자나 컴퍼스와 같이 정해진 기준에 근거하여 남이 보지 않는 곳에서도 경계하고 삼가서 마음을 함부로 날뛰게 하지 않게 하라! 그렇게 오래 동안 공부하다 보면 저절로 늘 깨어있는 마음을 지닐 수 있고 한 가지 사물도 마음에 담아두지 않게 되어, 조금도 억지로 조장하려는 마음과 같은 병통이 없게 될 것이다.

여러 성리학자들에 의하면, 경(敬)에 관한 네 가지 주요한 정의가 있다. 그것은 '주일무적(主一無適)'과 '상성성법(常惺惺法)', 그리고 '기심수렴불용일물(其心收斂不容一物)'과 '정제엄숙(整齊嚴肅)'이다. 이 가운데 앞의 세 조목은 경(敬)의 내면적 차원을 의미하고, 네 번째 조목인 정제엄숙(整齊嚴肅)은 외면적 차원을 말한다.[51] 주일무적(主一無適)은 '단 하나를 붙들 뿐 다른 곳으로 가지 말라!'라는 뜻이고, 상성성법(常惺惺法)은 늘 깨어있기를 요청하는 일이며, 기심수렴불용일물(其心收斂不容一物)은 심신(心身)의 수렴을 의미한다.

고등학문의 과정에서 마음 수양의 단초로 자리하는 경(敬)에 대해 가장 잘 알려져 있는 구절 가운데 하나가 '무불경(毋不敬)'이란 개념이다. 무불경(毋不敬)! 이 짧은 세 글자는 『시경』 300여 편을 '사무사

---

51) 신귀현, 『퇴계 이황, 예 잇고 뒤를 열어 고금을 꿰뚫으셨소』(예문서원, 2001), 106쪽.

(思無邪)!'로 정돈하는 것 이상으로 엄중한 표현이다.[52] 무불경!-공경스럽지 않게 행동하는 일이 없도록 하라! 유학을 학문의 중심에 두는 수많은 사상가들은 '무불경'을 삶의 지표나 좌우명처럼 여겼다. 왜냐하면 그것만이 성스러운 유학의 고등학문 과정에서 가장 인간답게 될 수 핵심을 담보하고 있기 때문이었다. 그렇다면 '무불경'은 어떤 차원에서 자리매김 되는가? 『예기』의 첫 머리는 다음과 같이 장식하고 있다.

옛날의 예법인 「곡례」에서 말하였다. 공경하지 않게 행동하는 경우가 없도록 하고, 엄숙하게 행동하고 신중하게 생각하여 행동하며, 심사숙고하여 바르고 정확한 말을 이행하라! 그러면 백성들을 편안하게 할 수 있다. 자신의 오만함을 키워서는 안 된다. 욕망을 쫓아서도 안 된다. 뜻을 가득 차게 해서는 안 된다. 즐거움을 극도로 누려서도 안 된다. 현명한 사람은 친하게 지내면서도 공경함을 잃지 않는다. 외경하면서도 그 사람을 진심으로 사랑한다. 사랑하면서도 그 사람의 나쁜 점을 식별한다. 미워하면서도 그 사람의 좋은 점을 분별한다. 재물을 축적하면서도 사람들을 위해 잘 쓸 줄 안다. 편안한 곳에서 안락하게 지내면서도 옮겨야할 때가 되면 안주하지 않고 옮길 줄 안다. 재물에 대해 구차하게 얻으려 해서는 안 된다. 곤경에 처해서는 구차하게 모면하려고 해서는 안 된다. 싸움

---

52) 『論語』「爲政」: 詩三百, 一言以蔽之曰, 思無邪.

에서는 반드시 이기려고 해서는 안 된다. 분배할 때는 많이 가지려고 해서는 안 된다. 의심스러운 일에 대해서는 근거도 없는 말을 지어내서는 안 되고, 강직하게 대처하되 자기 의견을 고집해서는 안 된다.[53]

경(敬)은 '무불경(毋不敬)'이란 이중부정을 통해 강조되며, 『예기』의 맨 앞에서 인간의 예의를 선도한다. 주자에 의하면, 이 「곡례」의 첫 장은 군자(君子)의 수신(修身)에 대한 언급이다. 군자라는 지도적 인물이 고등학문을 하기 위한 내용을 전반적으로 제시하는 장면이다. 수신의 요점은 '무불경(毋不敬)-엄약사(儼若思)-안정사(安定辭)'로 이어지는 세 가지 항목이다. 즉 '공경하지 않게 행동하는 경우가 없도록 하라! 그리고 엄숙하게 행동하고 신중하게 생각하여 행동하라! 그리고 다시 심사숙고하여 바르고 정확한 말을 이행하라!' 이런 행위의 지속으로 인한 효과는 지도자로서 자신이 다스리는 백성들을 편안하게 만들기에 충분하다. 때문에 '무불경'을 필두로 하는 이 세 가지는 인간의 삶을 이끄는 예(禮)의 근본이 된다.

'무불경(毋不敬)'하면, 인간의 행동거지와 용모가 바르게 되어 포악하고 거만한 것과 거리가 멀어진다. '무불경'을 바탕으로 '엄약사(儼若思)'를 하게 되면 얼굴빛이 온화하고 단정하게 되어 신의가 있어

---

53) 『禮記』「曲禮」上: 曲禮曰, 毋不敬, 儼若思, 安定辭. 安民哉. 敖不可長, 欲不可從, 志不可滿, 樂不可極. 賢者狎而敬之, 畏而愛之. 愛而知其惡, 憎而知其善. 積而能散, 安安而能遷. 臨財毋苟得, 臨難毋苟免. 很毋求勝, 分毋求多. 疑事毋質, 直而勿有.

보인다. 나아가 '안정사(安定辭)'를 하게 되면 말이 바르게 되어 비루하고 의리에 상반되는 말들과는 거리가 멀어진다. 그러므로 이 세 가지는 수신의 요점이다. 그 수신을 바탕으로 나아가면 정치의 근본에까지 이른다. 이는 군자가 경(敬)으로 자신을 수양하여 그 효과가 다른 사람들까지도 편안하게 만들고, 나아가 백성들까지도 편안하게 만드는 경지에 이르는 작업이다.[54]

이러한 차원의 경(敬)은 항상 이 마음을 그곳에 있게 하는, 고등학문이 추구하는 최고의 수양원칙이다. 그것은 마음을 바르게 하는 실천양식의 핵심이다. 그리하여 다시 몸을 닦는 기초이자 바탕이 된다.

2) 공동체 지속의 사회화; 제가-평천하

격물치지(格物致知)에서 성의정심(誠意正心)에 이르는 수신(修身)의 과정은 개인의 인격 확립을 위한 학문의 과정이자 실천양식이다. 유학, 특히 『대학』에서 그것은 필연적으로 제가치국평천하(齊家治國平天下)의 치인(治人)으로 연결된다. 이는 수신을 바탕으로 그것을 응용하는 실천행위이다. 개인의 자기학습을 통한 사회적·공동체적 정치 이상의 실현이기도 하다. 주자의 언급처럼, 그것은 수신(修身)

---

54) 신창호, 『경이란 무엇인가』(글항아리, 2018) 참조.

이후에 사물을 응접하고 사람을 대접하는 인간관계의 차원에서 구명된다. 따라서 마음을 중심으로 논의하던 수신까지의 과정과는 다르다. 이제 나 자신만의 '개인'문제가 아니라, 나 이외의 사물과의 '관계'문제가 등장한다. 사물에 대한 관심과 배려, 이해를 통해 공동체의 건전한 실현을 고민하게 만든다.

앞에서 제가(齊家)로부터 시작되는 공동체 배려의 내용을 효(孝)·제(弟)·자(慈)로 언급하였다. 제가에서 평천하에 이르기까지, 공동체의 지속과 사회화의 관건은 지도자의 자질과 백성의 반응이다. 『대학장구』의 선언적 권고는 그것을 잘 말해 준다.

> 한 집안이 어질면 한 나라가 어짊에 흥기하고, 한 집안이 겸손하고 사양하면 한 나라가 겸손하고 사양함에 흥기한다. 한 사람이 탐욕하고 거스르면 한 나라가 어지러움을 일으키게 된다. 그 기틀이 이와 같으니, '한 마디 말이 일을 그르치게 하며, 한 사람이 나라를 안정시킨다.'라고 한다. [55]

집안[家]과 나라[國]는 공동체를 운용하는 원리에서는 동일한 논리가 적용된다. 이는 조직의 특성상 미루어 짐작할 수 있다. 지도자가 위에서 선(善)을 통하여 교육하고 감화시키면 아래에서는 이에 호

---

[55] 『大學章句』「傳9章」: 一家仁, 一國興仁, 一家讓, 一國興讓, 一人貪戾, 一國作亂, 其幾如此, 此謂一言僨事, 一人定國.

응하여 지극히 빠르게 감응한다. 그러기 위해 집안과 국가를 다스리는 지도자는 자기가 착함이 있은 뒤에 남에게 착함을 요구할 수 있고, 자기가 악함이 없은 뒤에 남에게 악함이 있음을 비난할 수 있다. 이런 상황은 지도자의 말 한 마디, 행동거지 하나에 공동체의 운명이 달렸다고 해도 과언이 아님을 보여준다. 그런 전례가 요(堯)·순(舜)의 인정(仁政)과 걸(桀)·주(紂)의 폭정(暴政)으로 예시된다.

제가와 치국을 담보로 『대학』에서 구현하려는 최대의 이상사회는 평천하이다. 평천하를 실현하는 원리는 앞에서도 언급했듯이 '혈구(絜矩)'의 방식이다.

> 윗사람에게 싫었던 것으로 아랫사람을 부리지 말고, 아랫사람에게 싫었던 것으로 윗사람을 섬기지 말며, 앞사람에게 싫었던 것으로 뒷사람에게 먼저 하지 말고, 뒷사람에게 싫었던 것으로 앞사람을 따르지 말며, 오른쪽 사람에게 싫었던 것으로 왼쪽 사람을 사귀지 말고, 왼쪽 사람에게 싫었던 것으로 오른쪽 사람을 사귀지 말아야 한다. 이것을 '혈구(絜矩)'의 도라고 한다.[56]

혈구의 도는 자기를 중심으로, 상하전후좌우(上下前後左右)에 대해, 길고 짧고 넓고 좁고 크고 작고 할 것 없이, 하나같이 방정하게

---

[56] 『大學章句』「傳10章」: 所惡於上, 毋以使下, 所惡於下, 毋以事上, 所惡於前, 毋以先後, 所惡於後, 毋以從前, 所惡於右, 毋以交於左, 所惡於左, 毋以交於右, 此之謂絜矩之道也.

하는 작업이다. 이런 마음의 헤아림을 통해 상하사방이 고르고 가지런해져서 남거나 부족한 곳이 없게 만드는 실천양식이다. 주자는 이를 다음과 같이 설명한다.

> 혈구의 방법은 '상하(上下)'·'전후(前後)'·'좌우(左右)'라는 구절을 보면 바로 알 수 있다. 혈(絜)은 '헤아림[度]'이다. 단순하게 네모난 모양을 재는 곱자로 직접 방형(方形)을 헤아리는 것이 아니다. 단지 자신이 마음으로 몰래 그것이 긴지 짧은지를 재어 보는 작업이다. '길이를 재고 크기를 헤아린다.'라는 말은 상하·전후·좌우의 차원에서 모두 동일하다. 마음은 그와 나의 차이가 없으며, 거기에서 돌아와 여기에 이를 뿐이다. 위에 있는 사람이 나를 부리기를 이와 같이 하여 내가 그를 싫어하면, 아래에 있는 사람의 마음 또한 내가 이와 같이 할 것을 안다. 때문에 다시 윗사람을 책망하는 마음으로 아랫사람을 대해서는 안 된다. 이와 같이 하면 자신은 중앙에 있으면서, 위에 있는 측면에서는 다른 여러 자리를 차지하고, 아래에 있는 측면에서는 다른 여러 자리를 차지하고 있기에, 정확하게 사람들의 처지를 헤아려보면서 공평하고 바르게 처리할 수 있다. 윗사람을 책망하는 마음으로 아랫사람을 대하면, 위는 길어지고 아래는 짧아져서 바르게 되지 않는다. 아랫사람이 나를 모시기를 이와 같이 하여 내가 그를 싫어하면, 내 위에 있는 사람의 마음은 또한 내가 이와 같이 할 것을 안다. 아랫사람을 책망하는 마음으로 다시 일을 하면, 또한 아래

는 길어지고 위는 짧아진다. 전후·좌우가 모두 그러하다. 앞사람을 대하는 마음이 돌아와 뒷사람을 대하고, 왼편의 사람을 대하는 마음이 돌아와 오른편 사람을 대하기를 이와 같이하면, 바르게 된다. 모든 일이 이와 같다면 공평하지 않을 것이 없다.[57]

이런 혈구의 도 가운데 큰 것은 재물을 어떻게 쓰느냐의 문제이다. 왜냐하면, 지도자는 덕이 있게 마련인데, 덕이 있으면 사람이 있게 되고 사람이 있으면 땅이 있게 되며 땅이 있으면 재물이 있게 되고 재물이 있으면 쓰임이 있게 되기 때문이다. 이는 고대국가에서 나라를 성립시키는 기본적인 과정을 일러준다. 그것이 바로 덕의 획득은 이미 말한 격물치지와 성의정심, 수신을 통하여 이루어진다.

혈구의 근본은 덕을 삼고 그것을 조절하는 과정에 있다. 그것이 '헤아림'이다. 덕이 있게 되면 세상 사람들의 마음에 감동을 주어 사람들이 모이게 되고, 사람이 모이면 덕 있는 임금의 땅은 사람이 모인만큼 넓어진다. 그리고 땅이 있으면 땅을 맡겨서 공물을 받게 될 것이니 그것이 바로 재물이 된다. 그 재물은 이제 나라를 운용하는 경비의 원천이 되어, '쓰임'이 있게 되는 것이다. 때문에 혈구의 실천

---

[57] 『朱子語類』卷16: 把上下前後左右等句看, 便見. 絜, 度也. 不是眞把那矩去量度, 只是自家心裏暗度那箇長那箇短. 所謂度長絜大, 上下前後左右, 都只一樣. 心無彼己之異, 只是將那頭折轉來比這頭. 在我之上者使我如此, 而我惡之, 則知在我下者心亦似我如此, 故更不將所責上底人之心來待下人. 如此, 則自家在中央, 上面也占許多地步, 下面也占許多地步, 便均平正方. 若將所責上底人之心來待下, 便上面長, 下面短, 不方了. 下之事我如此, 而我惡之, 則知在我之上者心亦似我如此. 若將所責下底人之心更去事上, 便又下面長, 上面短了. 左右前後皆然. 待前底心, 便折轉來待後; 待左底心, 便折轉來待右, 如此便方. 每事皆如此, 則無所不平矣.

양식에서 '덕은 근본이고 재물은 말단이다.'[58] 이때 재물은 세상을 화평하게 하는 주요한 관건이 된다.

'재물이 모이면 백성이 흩어지고 재물이 흩어지면 백성이 모인다!'[59] 근본인 덕을 소홀히 하고 재물을 모으기에 집착한다면 재물은 저절로 모이게 마련이다. 즉 지도자가 백성을 헤아리는 혈구의 도를 실행하지 못하고 백성의 재물을 취함에 절제하지 못할 경우, 재물은 모인다. 반대로 지도자가 혈구의 도를 실천하여 백성에게서 취함을 절제한다면 백성이 모인다. 아울러 재물을 생산해내는 방식도 평천하를 위해 대단히 중요하다.

> 재물을 생산하는 데 큰 방도가 있다. 생산하는 사람이 많고 먹는 사람이 적으며, 생산하는 사람은 빨리하고 쓰는 사람은 천천히 하면 재물은 항상 풍족할 것이다.[60]

이런 실천의 양식은 현대 경제학에서 생산과 소비, 노동, 수요와 공급 등 다양한 부분의 법칙을 요약한 것처럼 느껴진다. 말인즉 '상식'이다. 나라에 노는 사람이 없으면 일하는 사람이 많게 되고, 회사원이나 공직자가 자리만을 꿰차고 앉아 있는 사람이 없으면 소비만

---

58) 『大學章句』「傳10章」: 德者, 本也. 財者, 末也.
59) 『大學章句』「傳10章」: 財聚則民散, 財散則民聚
60) 『大學章句』「傳10章」: 生財有大道. 生之者衆, 食之者寡, 爲之者疾, 用之者舒, 則財恒足矣.

하는 사람이 적게 되며, 생산할 시기를 빼앗지 않으면 생산이 많아질 것이고, 수입을 헤아려 지출한다면 쓰임새가 느려질 것은 분명하다.

이러한 공동체의 유지와 지속, 공동체 구성원에 대한 관심과 이해, 배려는 유학의 최고 덕목인 인의(仁義)로 선(善)을 일으킬 때, 가장 적절하다. 그래야만이 혈구(絜矩)의 도를 최고조로 발휘할 수 있다.

3) 8조목의 유기체

『대학』의 8조목인 '격물-치지-성의-정심-수신-제가-치국-평천하'는 전통 고등학문의 과정인 동시에 실천양식이다. 그것은 한 단계씩 점진적 과정을 거쳐 차근차근 진행되는 절차이다. 그러나 계단을 뛰어오르듯이 각 영역마다 상이한 차원이 있는 것과는 다르다. 각 단계와 과정 사이에는 유기체적 연관을 지니고 있으며, 8조목 전체가 하나의 유기체처럼 살아 있다. 그것은 『대학』「경일장(經1章)」에서 확인할 수 있다.

> 옛날에 밝은 덕을 세상에 밝히려는 사람은, 먼저 그 나라를 다스리고, 그 나라를 다스리려는 사람은 먼저 그 집안을 가지런히 하며, 그 집안을 가지런히 하려는 사람은 먼저 그 몸을 닦고, 그 몸을 닦으려는 사람은 먼

저 그 마음을 바르게 하고, 그 마음을 바르게 하려는 사람은 먼저 그 뜻을 성실하게 하고, 그 뜻을 성실히 하려는 사람은 먼저 그 앎을 지극하게 이루니, 앎을 지극하게 이룸은 사물의 이치를 궁구함에 있다. 사물의 이치가 궁구된 뒤에 앎이 지극해지고, 앎이 지극해진 뒤에 뜻이 성실해지며, 뜻이 성실해진 뒤에 마음이 바르게 되고, 마음이 바르게 된 뒤에 몸이 닦여지고, 몸이 닦여진 뒤에 집안이 가지런해지고, 집안이 가지런해진 뒤에 나라가 다스려지며, 나라가 다스려진 뒤에 온 세상이 화평해진다.[61]

8조목은 유학의 고등학문을 추진하는 공부의 절차이다. 그런데 위의 인용구를 유심히 들여다보면, 온 세상을 대상으로 하는 정치[평천하], 국가 사회를 위한 정치[치국], 가문의 운용[제가], 개인의 수양[수신]이 하나의 정합성을 띠며 한 몸으로 연결되어 있다. 즉 '집안-나라-세상'이라는 공동체가 하나의 영역으로 설정되고, '격물치지에서 수신에 이르는' 개인이 또 하나의 영역으로 설정되어, 두 영역이 하나의 정합체를 이룬다.[62] 요컨대, 개인과 공동체의 유기체적 통일, 개인의 수양 덕목과 절차, 공동체의 수양 절목과 단계 사이에도 유기체적 통일성을 견지하고 있다.

---

61) 『大學章句』「經1章」: 古之欲明明德於天下者, 先治其國, 欲治其國者, 先齊其家, 欲齊其家者, 先修其身, 欲修其身者, 先正其心, 欲正其心者, 先誠其意, 欲誠其意者, 先致其知, 致知, 在格物. 物格而后, 知至, 知至而后, 意誠, 意誠而后, 心正, 心正而后, 身修, 身修而后, 家齊, 家齊而后, 國治, 國治而后, 天下平.
62) 김기현, 『대학-진보의 동아시아적 의미』(사계절, 2002), 157쪽.

앞 단락은 '치지재격물(致知在格物)'을 제외하고는 '하려는[欲]'과 '먼저[先]'라는 말로 연결되어 있다. 그것은 '이와 같이 하려면' 반드시 '먼저' 이와 같이 하라는 표현으로, 학문의 절차상 선후(先後)를 규명한 것이다. 그러나 '격물'과 '치지' 사이에는 '있다[在]'라는 표현을 써서 선후를 설정하지 않는다. 뒤 단락의 경우, '뒤에[而后]'라는 표현을 써서 유기체를 이루면서도 미루어 나가는 학문과정과 실천양식을 보여준다. 다시 말하면, 앞 단락은 8조목의 순서를 '역(逆)'으로 거슬러 올라가는 공부이고, 뒤 단락은 '순(順)'으로 따라 미루어 나가는 공부이다. 전자는 무엇을 먼저 해야 하는지에 대한 지침이라면, 후자는 학문의 진행에 따른 효과를 드러낸 것이다. 논리적으로 이해하면, 귀납(歸納)이나 연역(演繹)의 양식을 보는 듯하다.

그렇다고 '격물'에서 '평천하'의 이르는 고등학문의 과정이 완벽하고도 절대적으로 정해진 순서나 단계를 의미하는 것은 아니다. 그것은 학문하는 방법의 앞뒤를 대략적으로 나누어 사람들이 알 수 있도록 지침을 제시한 것이다. 조목마다 한 조목의 연구를 끝까지 깨끗이 다하여 남김이 없게 한 후에, 그 다음 연구를 하라는 말은 아니다. 그럴 경우, 언제 연구를 다할 수 있겠는가?

중요하게 성찰할 부분은 8조목에는 절차상 통과해야 할 관문들이 있고, 지식의 시작과 끝, 실천의 시작과 끝, 유추와 응용, 개인적 실행과 공동체의 실천, 지식이론에서 행위실천에 이르는 문제, 유추하여 실행하는 문제 등 다양한 유기체적 맥락이 작용하고 있다는 점이다. 다시, 그 고등학문의 유기체적 특성을 요약하면 다음과 같다.

사물의 이치를 궁구하는 '격물'은 '지식의 시작'이고 앎을 지극하게 이루는 '치지'는 '지식의 완성'이다. 뜻을 성실히 하는 '성의'는 '실행의 시작'이고 마음을 바르게 하는 '정심', 그리고 '수신'은 '실행의 완성'이다. 집안을 가지런히 하는 '제가'는 '유추해서 실행하는 시작'이고, 나라를 다스리는 '치국', 세상을 화평하게 하는 '평천하'는 '유추해서 실행하는 끝'이다. 뜻을 성실히 하고 마음을 바르게 하고, 몸을 닦는 일은 '개인에게서의 실행'이고, 집을 가지런히 하고 나라를 다스리고, 세상을 화평하게 함은 나라와 '공동체에서의 실행'이다. 알고 실행하는 것은 유추하여 실행하는 일의 '근본'이고 유추하여 실행하는 일은 알고 실행하는 것의 '효험'이다.[63]

이런 '역순(逆順)'의 고등학문의 양식은 지식의 습득과 확장, 실천의 양식, 유추를 통해 응용하는 방식을 유기체적으로 보여준다. 지식의 문제는 격물·치지를 통해 진행되고, 실행은 성의·정심·수신에서 이루어진다. 그리고 응용은 제가·치국·평천하에서 달성된다.

'사물의 이치가 모조리 캐 묻고 파고 들어가서 앎이 지극해지는 일[物格知至]'이 한 단락이자 한 단계의 학문이고, '뜻이 성실해지고 마

---

63) 『大學章句大全』: 新安陣氏曰, 大學八條目, 格物爲知之始, 致知爲知之極, 誠意爲行之始, 正心修身爲行之極, 齊家爲推行之始, 治國平天下爲推行之極. 不知則不能行, 旣知又不可不行. 誠正修, 行之身也. 齊治平, 行之家國與天下也. 知行者, 推行之本, 推行其知, 行之驗歟.

음이 바르게 되며 몸이 닦여지는 일[意誠心正身修]'이 한 단락이자 한 단계의 학문이며, '집안이 가지런해지고 나라가 다스려지며 온 세상이 화평해지는 일[家齊國治天下平]'이 한 단락이자 한 단계의 학문이다. 그러므로 '앎이 지극하게 이룸[致知]'에서 '뜻을 성실하게 함[誠意]'에 이르는 교차지점이 또 하나의 넘어야 할 관문이고, '몸을 닦음[修身]'에서 '집안을 가지런히 함[齊家]'에 이르는 교차지점이 또한 넘어야 할 하나의 관문이다.[64]

   이러한 8조목은 세 가지 범주로 분류된다. 그러나 그것은 교차지점에서 하나의 관문을 형성하며, 고등학문을 이수한 인간이 되기 위한 학문의 기본과정이자 실천양식으로서 필연적 관건(關鍵)을 형성한다. 인간의 도리를 주축으로 하는 앎의 영역, 즉 지식의 습득은 그 확장과정인 치지를 통해 성의에 이어지고, 실행의 지속적 행위양식을 통해 수신으로 완성된다. 그것은 다시 유추를 통해 제가의 관건이 되고, 최종적으로 온 세상의 평화와 평등, 이루 설명하기 힘든 경지의 이상사회를 열어 놓는다. 이는 격물치지라는 학문의 기초, 그 시작에서 치국평천하에 이르는 학문의 응용과 활용, 실천의 완성을 보여준다.

---

64) 『大學章句大全』: 物格知至, 是一截事, 意誠心正身修, 是一截事, 家齊國治天下平, 又是一截事. 自知至交誠意, 又是一箇過接關子. 自修身交齊家, 又是一箇過接關子.

<표> 8조목의 유기체적 특징

구분	범주 1 〔앎·지식〕			범주 2 〔실행·실천〕			범주 3 〔유추·응용〕	
팔조목 (八條目)	격물치지 (格物致知)			성의정심수신 (誠意正心修身)			제가치국평천하 (齊家治國平天下)	
유기체적 학문과정 및 실천양식	(격물) 시작	(치지) 완성 [끝]	⇔ (관문) (관건)					
	기초·바탕 ⇒			(성의) 시작	(정심 수신) 완성	⇔ (관문) (관건)		
						(제가) 시작	(치국 평천하) 완성	
	인식 공부			실천 공부				
				몸 개인		세상 공동체		
	근본 [수기(修己)·교육의 차원] [개인적 인격의 조화로운 완성]				효험 [치인(治人)·정치의 차원] [사회적 책무성과 역할 수행]			

제5장

현대 고등학문에 주는 시사

『대학』은 유학의 기본경전이자 입문서로, 옛 사람들이 학문하던 대체적인 방법을 기술하였다. 그만큼 전통 고등학문으로서, 앞 뒤 체계가 제대로 갖추어져 있는 저작이다. 특히, 3강령 8조목을 통해 인간의 지향을 구체적으로 통관할 수 있는 경전이다. 이는 서두에서 강조한 『대학』의 목적인 '연구-교육-사회봉사'의 기능에 견줄 수 있다. 3강령이라는 이념적 원리를 바탕으로, 8조목의 '격물·치지, 성의·정심·수신'은 '연구'와 '교육'의 과정에 대응한다. 그리고 그것은 '제가·치국·평천하'의 진지하고 신중한 '사회봉사'를 지향한다.

　『대학장구』「서」의 경우, 유학적 인간학과 학문의 본질, 고등학문의 원칙과 바탕, 교육의 표준, 학교의 구분과 교육과정, 선발의 의미, 지도자의 모범, 구성원의 윤리적 실천과 본분의 이행 등을 체계적으로 다루고 있다. 이는 현대적 의미의 대학, 즉 고등학문의 영역이나 고등교육의 차원에서 일정한 학문적 시사점을 부여한다.

첫째, 인간관의 측면에서 착한 인간성을 누구나 지니고 있다는 인간에 대한 보편성과 기질의 차이에 의한 인간의 개체성을 확인시켜 주었다. 그것은 대학이라는 고등교육 기관이 어떤 학문을 다루어야 하는지 생각하게 만든다. 고등학문의 차원에서 교육·연구하는 개별 학습과 사회봉사 차원의 공동체를 위한 학문이 늘 유기적 연관과 변증법적 조화를 이루어야 함을 보여 준다.

둘째, 학문의 본질적 측면에서 착한 인간성의 회복을 근본에 두었다. 착한 인간성의 회복에 대한 기대는 인간을 긍정적으로 배려하고 신뢰를 부여한다는 의미이다. 학문의 과정에서 학문내용으로서 인간에 대한 믿음은 그 존재 의미를 재고하게 만든다.

셋째, 학문의 과정과 내용을 초중등 교육의 차원에서는 보통교육을 강조하고, 성인교육 차원에서는 고등교육 또는 고등학문을 강조하였다. 이는 현대적 의미에서 모든 국민이 기본적으로 받아야 할 대중으로서 민주시민교육과 대학이 담당하는 수준 높은 전문교육의 실천이 연계될 필요성을 정당화 한다.

넷째, 학문의 원칙 또는 바탕의 측면에서 고등교육 종사자의 모범을 중시하는 동시에 구성원들의 윤리적이고 본분에 충실히 임하는 자세를 생각하게 만든다. 그것은 교육자와 학습자 사이에 솔선수범하고 동반자적인 자세를 견지하게 한다. 특히, 고등학문 종사자들의 본분 확인을 통해 각자의 자리에서 역할과 기능을 수행할 수 있는 근거를 제시한다.

다섯째, 유학의 정학(正學) 선언을 통해, 고등학문의 표준을 제시하였다. 이는 고등교육의 기준 설정과 연관된다.

한편, 현대 고등학문이나 고등교육의 관점에서 볼 때, 심각한 한계점도 노정하고 있다.

첫째, 인의예지라는 인간의 보편성, 선한 본성을 어떻게 부여할 수 있는가? 그 근거가 희박하다. 다양성과 복합성을 인정하는 현대사회에서, 단일하고 순수함을 고려하는 인간의 본연지성이 선할 것이라는 이데아적 선언은 다차원적 인간을 설명하는 데 무리가 있다. 아울러 현실적 악의 출현에 대한 충분한 반증하기 어렵다.

둘째, 학문의 기준과 근본이 착한 인간성의 회복으로 마무리 될 수 있는가에 대한 회의이다. 복기성(復其性)을 중심으로 하는 본성 회복의 원리가 고등학문의 완성으로 인정할 수 있는지, 인간의 기질지성으로 볼 때, 다른 차원에서의 끊임없는 노력과정을 설정해야 하는 것은 아닌지 의문이 든다.

셋째, 초중등 수준의 아동·청소년 교육과 고등교육을 연결하는 학문과정의 고리가 불명확하다. 소학에서 대학으로 이어지는 과정이 언급되기는 했으나, 그 하학이상달(下學而上達)의 단계와 절차가 구체적이지 않다.

넷째, 고등학문을 수행하는 지도자의 실천과 터득, 모범을 중시하는 교육원리 이외에 기술적인 세밀한 방법적 원리 제시가 미흡하다. 아울러 학문의 표준으로서 유학을 제시하고, 다른 학문에 대해서는 지나칠 정도로 배타적이다. 엄밀히 고찰하면, 다른 학문의 장점을 확인하여 잘 이용할 때, 학문을 풍부하게 만들 소지도 있으나, 학문의 표준을 선언한 것은 그것을 차단하고 있다.

학문의 기본원리에 해당하는 3강령의 경우에도 시사점과 한계점이 분명하다. 3강령을 학문원리에 비추어 요약하면, 첫 번째 원리는 자기에게 있는 밝고 곧은 순수한 덕[마음]을 밝히는 일로, 자기혁신이고 자기학습이며 자기수양이다. 이는 유학이 추구하는 고등학문의 기본체계이자 자기교육이다. 두 번째 원리는 백성을 새롭게 하는 작업으로 타인들에 대한 관심과 애정, 이해와 배려를 통한 타자에 대한 개혁이자 교화이다. 이는 사회적으로 유용하게 쓸 수 있는 학문의 작용이고 타자교육이다. 세 번째 원리는 지극히 착한, 이른바 최고선에 머무르게 하는 실천행위이다. 이는 자신의 덕을 밝게 만들고 타자들의 덕을 모두 새롭게 하여 일상생활에서 실천할 학문으로서의 체계와 작용을 유기체적 맥락과 구조로 갖추고 있다. 이는 현대 고등학문의 의미에서 '자기각성과 학습-타자배려와 교육-생활 속에서 최고선의 지속적 실천'으로 자리 매김할 수 있다. 아울러 다음과 같은 학문원리적 차원의 시사점을 찾을 수 있다.

첫째, 학문의 근본원리가 '자기학습이 되어야 한다.'는 점이다. 명명덕의 내용을 통해 살펴보았듯이, 모든 학문은 자기파악으로부터 시작된다. 본래 밝고 순수하고 곧은 마음이 생활 경험 가운데 그 착한 본질을 무너뜨릴 때, 인간은 반성적 존재가 된다. 그것은 기본적으로 자신에 대한 성찰이며, 자각을 통해 새로운 삶을 준비하게 되고, 자기수양이나 학습, 자아실현을 위한 노력으로 이어진다. 이는 고등학문의 제1원리가 '자기학습'에 있음을 보여준다. 대학의 기능 가운데 자기 '연구'이자 '교육'이다.

둘째, 학문의 기본 작용은 '타자를 지향해야 한다.'는 점이다. 인간은 더불어 사는 존재이다. 자기성찰을 통해 자각의 수준이 성인이나 지도자급으로 성장했다면, 그는 반드시 타자에 관심을 갖고, 애정 어린 시선으로 이해하고 배려하며, 타자도 함께 지도자급으로 성장할 수 있도록 이끌어 주어야 한다. 신민에서 보았듯이 그것이 사람 사이의 기본 도리이며, 최고선으로 나아갈 수 있는 요건이다. 특히, 과오에 물든 사람들의 삶의 양식을 새롭게 개혁하여, 거듭나는 삶을 가능하게 하는 인간개조와 혁신 작업이 학문의 제2원리로 부상한다. 대학의 기능으로 본다면 타자 '연구'이자 '교육'에 해당한다.

셋째, 학문의 효과가 '최고선의 상태로 지속되기를 소망해야 한다.'는 점이다. 자기학습과 타자교육이 학문자체로 끝나는 것이 아니라, 반드시 최고의 모습으로 최적의 상황에서 적절하게 발휘될 수 있는 실제 학문연구가 이루어져야 한다. 그것은 일상생활을 건전하고 합리적으로 운영할 수 있는 능력과 자세, 역할과 기능을 체득하여 공동체의 건강을 회복하는 것과 관계된다. 학문의 제3원리로서 그 효과는 인간 삶의 과정에서 최고선이 지속적으로 설정되어야 함을 보여준다. 대학의 3대 기능으로 생각한다면, 그 시대에 가장 적합한 사회봉사의 지속이다.

이와 같이 『대학』'3강령'의 학문원리와 그 공능(功能)을 편의상 나누어 설명하였으나, 실제는 하나의 유기체로서 성인의 자기학습, 지도자의 길, 교육자의 사명임을 포괄적으로 감지할 수 있다. 즉 학문의 제1원리[근본원리]로서 '자기학습,' 제2원리[학문작용]로서 '타자교육', 제3원리[학문효과]로서 공동체의 선을 지속하는 일은 상호 요청되는 고등학문의 조건이기도 하고, 학문을 확충하는 바탕이 되기도 한다. 학문의 전 영역과 과정이 뫼비우스의 띠처럼 연결되어 있다. 이는 『대학』의 학문원리가, '자신에게 가장 중요한 문제는 무엇인가? 어떻게 해야 하는가? 자기와 타인의 관계는 어떠한가? 나와 타인의 필연적 연관성 차원에서 무슨 조치를 취해야 하는가?'라는 문제제기에서, 통일적인 해법을 제시한다. 풍요한 파토스와 상상력에 힘입어 바람직한 우리 모두의 공동체를 위하여, 나 자신의 말을 하고 스스로 생각하는 사람을 길러내는 작업과도 상통한다.[1] 그것은 현대 고등학문에서, 학문의 길이 어떠해야 하는지, 근본내용은 무엇

---

[1] 대학사연구회, 『전환의 시대 대학은 무엇인가』(한길사, 2000), 458쪽 참조.

이 되어야 하는지, 나아가 그 과정과 효과는 어디에서 실제적으로 드러나야 하는지, 근원적 성찰을 하는 계기가 될 수 있다.

전통 고등학문을 실천하는 『대학』의 8조목은 체계적이고 정합성을 지닌 학문의 과정이다. 그만큼 학문의 절차를 체계적으로 보여준다. 사물의 이치를 끝까지 탐구하는, 특히 인간의 도리와 직분 및 역할이라는 사회적 생활양식 탐구를 핵심으로 하는 '격물치지', 스스로를 속이지 않고 최선을 다하는 자기공부인 '성의', 욕심을 없애고 마음의 작용을 바르게 하는 '정심', 그 표출인 '수신'을 통해 개인의 인격을 수양하고, 집안을 다스리고 국가와 세계를 평화롭게 이끌어 갈 수 있는 지도자적 자질을 갖추는 '제가치국평천하'의 학문의 교착은 구체적인 고등학문의 양식과 내용, 조리와 단계를 암시하고 있다. 8조목의 단계는 그 자체가 '연구'하는 속성을 지니며, 교육의 과정이다. 궁극 목표는 '평천하'라는 사회봉사의 극지(極地)를 상정한다.

그것은 현대적 의미의 고등학문이 특정한 전공교과목으로 드러나기보다 학문과정의 원리·원칙적 측면에서 인간의 도리에 관한 지식과 실천, 응용의 문제로 연결되어 있다는 점에서 인간학적 성격이 짙다. 이는 학문과정상, '도덕'이나 '윤리'라는 내용의 설정을 넘어, 학문의 전 영역에서 어떻게 인간의 윤리·도덕적 이치를 구명하고 실천할 수 있는지, 유기체적 학문과정의 한 모델을 제시할 수 있다.

또한 학문[삶]의 실천양식 측면에서 볼 때, 격물에서 수신에 이르는 학문의 절차는 개인의 품성이나 자질 확립에 적극적으로 기여하는 인격실천의 양식이고, 제가에서 평천하까지는 공동체를 이해하고 배려하는 사회화의 실천양식이다. 주자에게서 지식확장의 문제는 사물에 대한 자기성찰과 이해에서 풀어 나가야 한다. 그리고 유추와 분별, 취사선택의 끊임없는 과정을 통해 지식을 인식하고 파악하며 장악해 나간다. 이는 학문의 절차에서 유기체적인 하나의 통일된 범주이다. 이후에 자기조절과 성찰, 함양을 통한 인격의 확립과 체득인 성의정심으로 이어진다. 그 실천의 핵심에 그 유명한 '신독(愼獨)'이 자리한다. 신독은 자기 충실을 기저로 하고 있다는 점에서 현대 고등학문에서도 개인학습의 실천양식으로 주요한 시사점을 준다. 과학적이고 객관적인 지식을 탐구하는 개인의 학습이나 인간의 도덕을 습득하는 윤리교육의 차원에서 신독의 실천성은 개인 행위를 위한 하나의 기준이 될 수 있다.

그리고 개인수양의 완성은 필연적으로 제가치국평천하의 치인으로 연결된다. 이는 유추하여 응용하는 실천행위의 단계이다. 달리 말하면, 개인학습을 통한 사회적·공동체적 이상의 실현이기도 하다. 그 실천의 핵심적인 도리가 이른바 '혈구(絜矩)'의 도이다. 혈구의 도는 타자에 대한 관심과 이해, 배려를 기본으로 한다는 점에서, 타자와 더불어 하는 학문공동체의 실천양식에 주요한 지침을 줄 수 있다.

요컨대, 『대학』의 8조목은 '격물치지'라는 인간의 이치를 핵심으로 하는 지식의 습득과 확보과정을 거쳐, '성의정심수신'의 인격함양과 실현을 통해, '제가치국평천하'라는 사회적 삶의 실천으로 나아가는 학문과정으로 이해할 수 있다. 이는 '연구-교육-사회봉사'의 측면을 다차원적으로 조명한다. 동시에 각각의 범주는 유기체적 정합성을 띠고 있는 학문의 실천양식으로서, 공부의 절차상 내용과 행위, 응용의 준거로 활용할 수 있다. 그것은 유학이 추구하는 내·외적 수양과 성찰의 동시성을 검토하는 작업이다. 이러한 『대학』의 고등학문은 현대 학문에서 개인의 인격적 조화와 완성, 사회적 책무성과 역할 수행으로 재해석될 수 있다. 또한 학문의 단계와 효과, 방법의 기준을 확인할 수 있고, 학문실천의 원칙을 재고하는 잣대로 응용할 수 있다.

참고문헌

『大學章句』『大學章句大全』『大學或問』『朱子語類』『小學集註』『孝經』
『中庸章句』『論語集註』『孟子集註』『禮記正義』『朱子大全』『性理大典』
『心經』『王陽明全集』『史記』『退溪全書』『栗谷全書』『說文解字』

康曉城, 『先秦儒家詩教思想研究』(臺北: 文史哲出版社, 1988.

김경탁. 「유교와 교육철학」. 한국교육학회 편. 『교육의 철학적 이해』. 교육과학사, 1981.

김기현. 『대학-진보의 동아시아적 의미』. 사계절, 2002.

金蘭洙, 『大學改革論』. 良書院, 1989.

김병호(김진규 구성). 『亞山의 大學講義』. 소강, 1996.

김수길. 『集註完譯 大學』. 대유학당, 1999.

김정환. 『페스탈로찌의 교육철학』. 고려대출판부, 1995.

김형효. 『데리다의 해체철학』. 민음사, 1993.

南懷瑾. 『大學微言』. 北京: 世界知識出版社, 1998.

대학사연구회. 『전환의 시대 대학은 무엇인가』. 한길사, 2000.

來可泓. 『大學直解·中庸直解』. 上海: 复旦大學出版社, 1998.

李炳官 編撰. 『形音義 源流 字典』. 美術文化院, 1999.

미우라 쿠니오(김영식·이승연 옮김). 『인간 주자』. 창작과 비평사, 1996.

박완식. 『大學』. 여강, 2005.

백연욱·이기석·전영식·한백우 역해. 『大學·中庸』. 홍신문화사, 1975.

范壽康(洪瑀欽 譯). 『朱子와 그 哲學』. 영남대출판부, 1988.

볼노오(이규호 역). 『실존철학과 교육학』. 배영사, 1967.

束景南. 『朱熹年譜長編』(上·下). 上海: 華東師範大學出版社, 2001.

시마다 겐지(김석근·이근우 옮김). 『주자학과 양명학』. 까치, 1986.

신귀현. 『퇴계 이황, 예 잇고 뒤를 열어 고금을 꿰뚫으셨소』. 예문서원, 2001.

신동은. 「『小學』의 교육적 원리 연구」. 『교육철학』 31. 교육철학회, 2004.

신창호, 『율곡 이이의 교육론』. 경인문화사, 2015.

신창호. 『경이란 무엇인가』. 글항아리, 2018.

신창호. 『유교의 교육학 체계』. 고려대학교출판부, 2012.

신창호. 『『대학』, 유교의 지도자 교육철학』. 교육과학사, 2010.

양승무. 「朱子의 格物致知說에 대한 연구」. 『유교사상』 2. 유교학회, 1987.

양승실 외. 『주요 선진국의 대학 발전 동향: 이론과 실제』. 학지사, 2009.

楊澤婆. 『孟子性善論研究』. 北京: 社會科學出版社, 1995.

양희룡. 「『大學』의 本義에 관한 연구」. 성신여대 박사논문, 1997.

오성삼. 『세계 대학의 이해』. 건국대출판부, 2004.

왕부지(왕부지사상연구회 옮김). 『왕부지 大學을 논하다』. 소나무, 2005.

유인희. 『朱子哲學과 中國哲學』. 범학사, 1980.

윤사순. 『한국의 性理學과 實學』. 열음사, 1987.

윤천근. 「대학 해석을 둘러싼 주자학과 양명학의 갈등」. 중국철학연구회. 『논쟁으로 보는 중국철학』. 예문서원, 1994.

윤천근. 『유학의 철학적 문제들』. 법인문화사, 1996.

이민수·장기근. 『大學·中庸·孝經』. 홍신문화사, 1979.

이상은. 「『大學』과 『中庸』의 現代的 意義」. 『大學·中庸』. 현암사, 1965.

이승환. 『유가사상의 사회철학적 재조명』. 고려대학교 출판부, 1998.

이현청. 『21세기와 함께 하는 대학』. 민음사, 2000.

岑溢成(황갑연 옮김). 『大學哲學』. 서광사, 2000.

장성모. 『주자와 왕양명의 교육이론』. 교육과학사, 1998.

장숙필. 『栗谷 李珥의 聖學 硏究』. 고려대 민족문화연구소, 1992.

錢 穆(이완재·백도근 역). 『주자학의 세계』. 이문출판사, 1989.

錢世明. 『說 大學中庸』. 北京: 京華出版社, 1999.

정순목. 「한국 유학과 인간교육의 문제」. 윤사순 외. 『孔子사상의 발견』. 민음사, 1992.

정인재. 「유학의 실재관」. 『동서양의 실재관』. 정신문화연구원, 1994.

조셉 니이담(이석호 외 역). 『중국의 과학과 문명』. 을유문화사, 1986.

趙顯圭. 『朱憙人文敎育思想硏究』. 台北: 文津出版社, 1998.

朱貽庭. 『中國傳統倫理思想史』. 上海: 華東師範大學出版社, 1994.

陳 來. 『朱熹哲學硏究』. 北京: 中國社會科學出版社, 1988.

陳滿銘. 『學庸籲談』. 永和: 文津出版社, 1982.

클라크 커어(이형행 옮김). 『대학의 효용』. 학지사, 2002.

馮 寓(김갑수 역). 『천인관계론』. 신지서원, 1992.

한형조. 『주희에서 정약용으로』. 세계사, 1996.

Ministry of education. *Proposal for the new Universities Act in Brief.* 2009. 2. 20

J. A. Perkins. *University in Transition.* Princeton Univ. Press, 1967.

H. Brighouse·M. McPherson 편(이지헌 역). 『고등교육의 목적: 도덕과 정의의 문제』. 학지사, 2020.

「대학(大學)」, 왜 고등학문의 바탕인가?
—주자학의 시선-

초 판 1쇄 인쇄 2020년 2월 10일
지은이 | 신창호 편 집 | 강완구 펴낸이 | 강완구 펴낸곳 | 써네스트
브랜드 | 우물이 있는 집 디자인 | 임나탈리야
출판등록 | 2005년 7월 13일 제 2017-000293호 주 소 | 서울시 마포구 망원로 94, 2층
전 화 | 02-332-9384 팩 스 | 0303-0006-9384 이메일 | sunestbooks@yahoo.co.kr
ISBN | 979-11-90631-01-3 (93370) 값 12,000원

우물이 있는 집은 써네스트의 인문브랜드입니다.
ⓒ신창호 2020

이 책은 신저작권법에 따라 보호받는 저작물이므로 무단 전재와 복제를 금하며, 내용의 전부 또는
일부를 재사용하려면 반드시 저작권자와 도서출판 써네스트 양측의 동의를 받아야 합니다.
정성을 다해 만들었습니다만, 간혹 잘못된 책이 있습니다. 연락주시면 바꾸어 드리겠습니다.

이 도서의 국립중앙도서관 출판예정도서목록(CIP)은 서지정보유통지원시스템
홈페이지(http://seoji.nl.go.kr)와 국가자료종합목록 구축시스템(http://kolis-net.
nl.go.kr)에서 이용하실 수 있습니다.
(CIP제어번호 : CIP2020005350)